David Candela
Hugo Vega

Gestão do Conhecimento para a Produção de Software

David Candela
Hugo Vega

Gestão do Conhecimento para a Produção de Software

Gestão do Conhecimento para Produção de Software Especializado em um Laboratório de Informática da Universidade

ScienciaScripts

Imprint

Any brand names and product names mentioned in this book are subject to trademark, brand or patent protection and are trademarks or registered trademarks of their respective holders. The use of brand names, product names, common names, trade names, product descriptions etc. even without a particular marking in this work is in no way to be construed to mean that such names may be regarded as unrestricted in respect of trademark and brand protection legislation and could thus be used by anyone.

Cover image: www.ingimage.com

Este livro é uma tradução do original publicado sob ISBN 978-620-2-81000-5.

Publisher:
Sciencia Scripts
is a trademark of
International Book Market Service Ltd., member of OmniScriptum Publishing Group
17 Meldrum Street, Beau Bassin 71504, Mauritius
Printed at: see last page
ISBN: 978-620-2-87069-6

Copyright © David Candela, Hugo Vega
Copyright © 2020 International Book Market Service Ltd., member of OmniScriptum Publishing Group

Dedicação

Tenho muito carinho pela minha Universidade e em particular pelas Faculdades de Engenharia de Sistemas e Informática, o que me deu a oportunidade de fazer esta tese e de me formar profissionalmente; embora não tenha formado na primeira mencionada, ela deriva da Escola onde estudei e onde chegaram vários dos meus professores e vários colegas estudantes, agora professores com os quais partilhámos, uma vez e em algum momento, ambientes universitários.

Agradecimentos

A minha mais profunda e ampla gratidão vai para todas as pessoas que, de uma forma ou de outra, me encorajaram a assumir e avançar na prossecução deste objectivo, principalmente aquelas que tinham um compromisso directo com este trabalho, tais como a orientação, ajuda e conselhos recebidos na definição, preparação e realização desta Tese e especialmente para a minha mãe por me ter dado o exemplo e instigado desde muito jovem a importância do estudo na vida e para o meu pai pela sua admirável inteligência e grande capacidade de ganhar a vida e pelo seu incansável trabalho e esforço louvável no apoio e bem-estar da nossa família. Correndo o risco de esquecer alguém, mencionarei as pessoas que de uma forma ou de outra influenciaram a realização deste trabalho: a professora Abigail Ibañez, a primeira pessoa que me deu a oportunidade de me aventurar no ensino universitário e que confiou em mim desde o início, ensinou-me que todos os círculos devem ser fechados e que não era suficiente ter estudos de pós-graduação porque era necessário obter o grau de Magister; agora estou certo de que ela não estava errada comigo e com o que ela disse, que Deus a tenha em descanso. Ao meu conselheiro de tese de mestrado Dr. Hugo Vega pela sua extraordinária simplicidade e a sua vontade de aceitar o meu pedido de conselho numa altura em que várias pessoas se afastavam do meu pedido. Às directivas, conselhos, correcções, observações e ajuda da Professora Virginia Vera por me ter orientado correctamente no estabelecimento e "aterragem" do tema da minha tese. A todos os professores que me facultaram o acesso às suas salas de aula para as respectivas pesquisas que apoiam esta investigação, tais como Jaime Pariona, Walter Contreras, Luzmila Pro, Gustavo Arredondo, Juan Carlos Gonzales Suarez, Marcos Sotelo, Hugo Vega, Luz Del Pino, Luis Angel Guerra, William Henríquez, Jorge Díaz, Santiago Moquillaza, Augusto Cortez e todos aqueles estimados estudantes que colaboraram muito seriamente com este inquérito e em cujos rostos pude perceber que a fome de conhecimento e o desejo de forjar uma profissão que é muito típica dos estudantes de San Marcos.. Ao Professor Daniel Quinto e Luzmila Pro pelas suas observações, sugestões e correcções à minha tese como parte do correspondente júri relator, e finalmente aos meus profundos agradecimentos a todos os meus professores de inglês do Centro de Línguas de San Marcos que me ajudaram a conhecer um pouco mais de inglês e a dominá-lo melhor para poder fazer com sucesso o exame de proficiência e obter o certificado de proficiência em língua estrangeira necessário para apoiar a tese de mestrado.

Tabela de Conteúdos

Lista de números

Lista de quadros

Resumo

Este estudo examinou os métodos e ferramentas de gestão do conhecimento que foram aplicados num laboratório de informática para a produção de software; este estudo foi aplicado a estudantes masculinos e femininos da Faculdade de Engenharia de Sistemas e Informática de todos os ciclos que participaram num curso de laboratório onde o software foi desenvolvido. Foi uma investigação exploratória quantitativa; foram utilizados observação sistemática e um questionário. Foram testadas três hipóteses cujos resultados indicavam uma identificação muito ténue na utilização e conhecimento de algum método e ferramenta de gestão do conhecimento para a produção de software. Assim, concluiu-se que os estudantes não estavam muito familiarizados com algum método ou ferramenta de gestão do conhecimento para produzir software num laboratório informático e também não foi determinada uma produção específica e massiva de software e não foi determinada uma estratégia didáctica padrão para o software produzido.

Palavras-chave: ferramentas TIC, metodologias de gestão do conhecimento, ferramentas de gestão do conhecimento, laboratório de informática, produção de software.

Introdução

No entanto, não foi encontrada nenhuma base igual a esta pesquisa, há muitos comentários sobre a importância da implementação da gestão do conhecimento em todas as áreas e principalmente no ambiente académico superior, especialmente para melhorar os processos e ser capaz de gerar e fazer melhor uso da informação e conhecimento que cada elemento de uma organização tem, sejam estas dependências, departamentos, objectos e pessoas. O objectivo deste estudo é determinar que métodos e ferramentas de gestão do conhecimento são aplicados num laboratório de informática para gerar software. O que queremos saber principalmente, para além dos métodos que podem ser utilizados, é se algumas ferramentas são especificamente utilizadas, tais como um histórico de resultados, uma base de dados documental ou um directório de especialistas. Este estudo justifica-se pelo objectivo de produzir software especializado que tenha utilidade e aplicabilidade não só para a universidade mas para a comunidade em geral. Este estudo foi realizado na Faculdade de Engenharia de Sistemas e Informática da Universidade de San Marcos durante o mês de Novembro de 2018. A maior limitação era não poder estar presente durante as actividades académicas num dos laboratórios, devido à recusa ou desconforto dos professores responsáveis, contudo, os estudantes que participavam num curso laboratorial onde era produzido software, tinham acesso às salas de aula durante alguma aula teórica. Consideramos este estudo de utilidade académica e profissional uma vez que a Faculdade poderia alcançar uma especialização e força no desenvolvimento de software, além disso, os nossos licenciados teriam uma competência profissional única que lhes permitiria serem inseridos no ambiente de trabalho em actividades específicas de alta especialização.

O Capítulo 1 descreve a situação actual da produção de software na Faculdade, e declara os objectivos, justificação e viabilidade.

O capítulo 2 contém os antecedentes, referências teóricas, hipóteses e variáveis estudadas.

O capítulo 3 descreve a metodologia utilizada, a população, a dimensão da amostra e a técnica de investigação e recolha de dados.

O capítulo 4 analisa, interpreta e descreve os resultados da investigação com base nos indicadores estudados e representa-os graficamente.

Este estudo conclui que nenhum método ou ferramenta de gestão do conhecimento está clara e especificamente identificado para produzir software num laboratório de informática na Escola de Engenharia de Sistemas e Computadores de San Marcos.

Capítulo 1. situação problemática

Durante o tempo em que era estudante de graduação e pós-graduação, o desenvolvimento de software era mais do que um processo planeado e abrangente com um objectivo claro, ambicioso e lucrativo não só para o estudante mas também para a escola académica e a sociedade numa aventura suicida que nos poderia levar a desaprovar o curso se não demonstrássemos conhecimento das instruções e da sintaxe de uma linguagem de programação aplicada à solução de qualquer caso prático; e a percepção que nós estudantes tínhamos deste facto era apenas a de passar o curso demonstrando que tínhamos aprendido a utilizar as instruções e sintaxe de uma linguagem de programação sem qualquer objectivo futuro, quer profissional quer académico; Por outras palavras, não era útil para efeitos de trabalho se a empresa onde se começou a trabalhar não a ia utilizar ou se a linguagem de programação aprendida durante o curso não era útil para automatizar algum processo administrativo da escola, faculdade ou universidade; ou no melhor dos casos, que seria útil para as outras gerações de estudantes reutilizar esses módulos para criar um que tenha alguma aplicação prática e que seja extensivo à sociedade ou que tenha uma aplicação no campo educacional, comercial ou industrial.

Estamos a viver uma época de conhecimento vertiginoso que nos obriga a fazer as coisas de forma diferente e a desenraizarmo-nos da forma tradicional como as coisas estão a ser feitas, principalmente no ambiente universitário, e isto exige uma mudança de mentalidade para adaptar o quadro funcional e legislativo, a fim de podermos adaptar o sistema universitário às exigências e exigências da sociedade actual e tirar partido das competências com que os novos estudantes estão imbuídos, juntamente com as metodologias de ensino e as ferramentas TIC.

1.1 Formulação do problema

Objectivos de investigação: Esta investigação visa determinar que métodos e ferramentas de gestão do conhecimento são utilizados para produzir software nos laboratórios informáticos da Escola de Engenharia de Sistemas e Computadores da Universidade de San Marcos.

Algumas questões de investigação:

- O que é o conhecimento implícito?
- O que é conhecimento explícito?
- Que ferramentas de gestão do conhecimento utilizou para a produção de software nas suas sessões de laboratório?
- utilizou um histórico de resultados nas suas sessões de laboratório?
- utilizou uma base de dados documental nas suas sessões de laboratório?
- fez uso de uma lista de peritos nas suas sessões de laboratório?

Justificação da investigação: a conveniência da investigação reside no facto de procurar produzir software baseado em processos de gestão do conhecimento que ajudam a estender a sua aplicação e utilidade à comunidade universitária e à comunidade em geral, o que pode resolver problemas e satisfazer exigências, principalmente no campo da simulação virtual. Isto também reforçaria a criação de software especializado com regras e objectivos de produção claros, procurando que a Faculdade encontre a sua própria força na produção de software em alguma actividade que satisfaça as necessidades da Universidade ou do mercado.

Viabilidade da investigação: para a realização desta investigação não são necessários recursos financeiros significativos, uma vez que as actividades serão dirigidas aos estudantes que frequentam cursos de laboratório onde o software é desenvolvido na Faculdade de Engenharia de Sistemas e Informática da

Universidade de San Marcos a que têm livre acesso e conhecem vários professores que poderão facilitar o acesso ao seu grupo de estudantes a quem aplicarão um inquérito e haverá um processo de observação não participativa ou externa. Por parte dos recursos humanos também não há inconvenientes porque a realização de todas as actividades estará a cargo do próprio investigador e que não exige mais do que uma pessoa, e no caso dos materiais a serem utilizados não são caros porque serão utilizadas folhas de inquérito, mobilidade, software de análise de dados e um PC para a parte operacional. O tempo que o processo de inquérito poderia demorar é estimado em cerca de duas semanas devido à necessidade de identificar os grupos a serem inquiridos e depois proceder ao próprio inquérito; com respeito à análise dos dados, estima-se que poderia demorar uma semana tendo em conta que os dados devem ser digitalizados e depois o resultado da análise obtida.

1.1.1. problema geral

Qual é o efeito de produzir software sem aplicar um método ou ferramenta de gestão do conhecimento num laboratório de informática na Escola de Engenharia de Sistemas e Computadores da Universidade de San Marcos?

1.1.2. problemas específicos

• Qual é a consequência de produzir software sem uma ferramenta de gestão do conhecimento para documentar o software criado para facilitar a sua reutilização?

• Qual é a consequência de produzir software num laboratório de informática sem deixar um registo da funcionalidade e utilidade do software criado e que pode ser reutilizado?

• Qual é a consequência de produzir software sem a assistência, aconselhamento e apoio de pessoas com mais experiência e conhecimentos no desenvolvimento de software e na necessidade, aplicabilidade e utilidade do mesmo?

1.2 Justificação da Investigação

Ao produzir software num laboratório de informática, o aluno geralmente chega apenas com um conhecimento prévio e superficial da sintaxe de comando de alguma linguagem de programação fornecida, no melhor dos casos, pela pessoa responsável pelo curso ou tendo adquirido conhecimentos por conta própria utilizando a literatura disponível, e no pior dos casos chega sem qualquer conhecimento para experimentar a produção de software.

A produção de software é uma actividade de procura de informação, selecção da linguagem de programação que melhor se adapta às suas necessidades, aptidões e interesses, consultas, tentativa-e-erro, dúvidas e troca de informação, ideias e experiências. Por conseguinte, existe uma dinâmica estudantil que não está padronizada nem formalmente estabelecida. Alguns métodos e ferramentas de gestão do conhecimento ajudariam os estudantes a produzir software mais facilmente e a manter os mais relevantes ou importantes para apoiar, manter ou continuar projectos académicos maiores e mais importantes que são úteis para a própria comunidade estudantil e para a sociedade em geral.

1.2.1. justificação teórica

Este estudo é realizado para se centrar nas vantagens oferecidas pelos métodos e ferramentas de gestão do conhecimento na produção de software num laboratório informático, estabelecendo directrizes para o trabalho de grupo que encorajam o fluxo e a troca de informação com que cada aluno é imbuído a fim de gerar novos conhecimentos e que estes novos conhecimentos são preservados, partilhados e utilizados da melhor forma, fazendo uso de ferramentas de gestão do conhecimento. Além disso, o objectivo é que o conhecimento implícito se torne explícito e vice-versa e que os seus resultados sejam registados numa história, que sejam geradas bases de dados documentais com os resultados da investigação e que sejam criados directórios de especialistas para ajudar a identificar e contactar os especialistas num determinado assunto e para tudo isto, juntamente com recursos informáticos adequados, ajudar a produzir software especializado e mais útil.

1.2.2. justificação prática

Este estudo procura enfatizar a relação entre a produção de software e a aplicação e utilização de métodos e ferramentas de gestão do conhecimento e considerar uma estratégia pedagógica para que este software produzido seja melhor partilhado, preservado, armazenado, reutilizado e utilizado para gerar novos conhecimentos, aumentando este património e preservando-o para as gerações futuras e, por sua vez, servir para gerar o software necessário ou apropriado para projectos importantes a nível académico ou social. Isto poderia ajudar a faculdade a crescer tecnologicamente na área do desenvolvimento de software e servir como força motriz para o desenvolvimento e crescimento tecnológico a nível do país.

1.2.3. justificação económica

Isto pode ajudar a melhorar a riqueza económica, reflectindo em recursos tecnológicos, patentes e direitos de autor e vendas de software.

1.2.4. justificação social

A produção de software pode ter um grande impacto na sociedade, pois facilitaria e satisfaria a necessidade de muitos profissionais e actividades especializadas, tais como simulação, previsão, função e execução, conforme citado abaixo.

"A tecnologia permite, através de vídeos, demonstrações e simulações digitais, realizar actividades laboratoriais de uma forma realista, mas sem os riscos e custos associados às experiências laboratoriais. "" [11]. "A simulação por computador é particularmente útil para a aprendizagem da ciência nas seguintes situações:

- Experiências que são muito arriscadas, caras ou demoradas.

- Experiências delicadas que requerem precisão para que o estudante possa apreciar padrões ou tendências

- Experiências que requerem condições ideais, tais como a ausência de fricção ou resistência negligenciável

- Experiências em que devem ser considerados aspectos éticos, tais como experiências em animais vivos". [11]

"A simulação não pode substituir completamente as actividades experimentais reais, mas pode ajudar o estudante a preparar-se para experiências laboratoriais, tal como os voos de simulação preparam o piloto antes de realizar voos reais. Um dos maiores pontos fortes das tecnologias utilizadas na educação científica reside no facto de actuarem como catalizadores de mudança. No entanto, utilizados com modelos pedagógicos não tradicionais, podem aumentar significativamente a participação e interacção dos estudantes, conseguindo a sua integração e envolvimento em situações de aprendizagem. O computador de hoje, com as suas características multimédia e a possibilidade de ligação a redes remotas, rico em informação de todos os tipos, não é apenas um mecanismo de gestão de informação; é, acima de tudo, um mecanismo de comunicação e intercâmbio. Para que a informação que circula nos computadores, através de redes, seja enriquecida e transformada em conhecimento, uma mudança no papel do professor deve ser acompanhada: de *fornecedor de* conhecimento na sala de aula para ser *mediador e facilitador da* aprendizagem num contexto interdisciplinar. ""' [11]

(Waldegg, 2002) afirma: "Aqueles que defendem a integração das NTIC na aprendizagem da ciência afirmam que estas tecnologias, se devidamente desenvolvidas e utilizadas, têm a capacidade de

- Apresentar os materiais através de múltiplos meios e canais.

- Motivar e envolver os estudantes em actividades de aprendizagem significativas.

- Fornecer representações gráficas de conceitos e modelos abstractos.

- Melhorar o pensamento crítico e outras capacidades e processos cognitivos superiores.

- Para permitir a utilização da informação adquirida para resolver problemas e explicar os fenómenos do ambiente.

- Permitir o acesso à investigação científica e o contacto com cientistas e bases de dados reais.

Oferecer aos professores e estudantes uma plataforma através da qual possam comunicar com colegas e colegas de lugares distantes, trocar trabalho, desenvolver investigação e funcionar como se não existissem fronteiras geográficas. "

1.3. objectivos

1.3.1. objectivo geral

Determinar que métodos e ferramentas de gestão do conhecimento são aplicados para a produção de software num laboratório de informática na Escola de Engenharia de Sistemas e Computadores da Universidade de San Marcos.

1.3.2. objectivos específicos

- Determinar qual o método de gestão do conhecimento que os professores aplicam para produzir software num laboratório de informática na Faculdade.

- Determinar que ferramentas de gestão do conhecimento são aplicadas num laboratório informático que permita deixar registos e provas da existência, funcionalidade e utilidade do software criado.

- Determinar que ferramenta de gestão do conhecimento é utilizada num laboratório informático que permita a comunicação com peritos em programação e com a experiência e capacidade necessárias para orientar na criação de software.

Capítulo 2. Quadro teórico

"A selecção de ferramentas apropriadas para a implementação de um projecto de gestão do conhecimento não é fácil, isto deve-se, entre outras coisas, ao facto de hoje em dia existir uma grande variedade de ferramentas, aplicações, hardware, sistemas de comunicação, etc., oferecidos no mercado. ""' [1]

"As duras determinantes da educação (Trilla, 1985) colidem e contrastam com as novas formas de comunicação, partilha, produção e aprendizagem dos jovens.

Os jovens que entram hoje no ensino superior chegam com uma série de práticas e formas de interacção que raramente são transferidas para processos de aprendizagem formal. Embora imerso num cenário omnipresente e com uma ampla posse de tecnologia, a percepção e utilização das TIC está mais enquadrada numa faceta instrumental-mercantil (Benbenaste, 2007) do que numa internalização (Solomon, 1992) onde se configura numa facilitação para a aprendizagem. ""' [2]

"Embora os estudantes demonstrem competências e aptidões que mostram uma aprendizagem que não é visível pela educação tradicional, não é menos verdade que estas competências e aprendizagem são pouco utilizadas e percebidas pelos sujeitos como facilitadores da construção do conhecimento. Aqueles que têm problemas com a selecção de informação ou com a preparação de materiais e exames não beneficiam de ser utilizadores da Internet. O facto de os alunos não poderem representar que o uso da tecnologia favorece a sua estratégia de aprendizagem é também explicado pela representação social da educação, situada num modelo tradicional que é reactivo à mudança e ancorado em formas estáticas de tempo, espaço e modos de transmissão característicos do modelo industrialista. Este núcleo duro do modelo educativo é precisamente o que colide com a flexibilidade do lifestreaming (interacção a toda a hora), da incorporação (qualquer objecto liga), da realidade aumentada e da ubiquidade (ligação em qualquer lugar) onde as competências digitais das novas gerações são implantadas. "" [2]

"Contudo, independentemente do nível de ensino em que o ensino tem lugar, a variabilidade das funções atribuídas pelos professores a estes recursos tecnológicos é insuficiente. Da mesma forma, estes recursos, na maioria dos casos, são utilizados para funções relacionadas com a transmissão de informação e como recurso do currículo educacional. Em relação ao que foi analisado acima, em termos gerais, (Faustino, 2012:89) adverte que <u>a introdução de recursos tecnológicos nas instituições educativas responde mais a interesses económicos do que a uma renovação intencional do processo de ensino e aprendizagem</u>. No entanto, verificou-se que os professores não experimentam a aplicação destas ferramentas tecnológicas devido à novidade da tecnologia e à sua falta de preparação para a sua implementação nas aulas, daí a necessidade de preparação metodológica a este respeito e medidas que ajudem a mitigar as profundas limitações económicas que existem nos diferentes centros (Marques, 2000) e (Gisbert, 2002). Consequentemente, se a falta de conhecimento tecnológico dos profissionais na sociedade não for resolvida, o impacto das tecnologias na cultura académica será irrelevante. "" [3]

"Há um fraco domínio dos computadores, o que dificulta os estudantes na sua busca de informação e argumentos para fazer juízos de valor. " [3]

"Neste sentido, o valor da aprendizagem activa é enfatizado pela literatura científica (Beard, 2010); (Bixio, 2004), onde são reconhecidas as deficiências na formação educacional dos estudantes devido à falta de empenho e participação dentro da sala de aula, particularmente aqueles com elevada densidade de estudantes. Apesar do reconhecimento da importância de promover a criatividade no ensino superior, os professores desconhecem as características dos ambientes de aprendizagem que facilitam a criatividade. Além disso, há muita resistência e atitudes negativas dos estudantes, ligadas a atributos pessoais e práticas pedagógicas do professor que interagem de formas complexas e têm impacto na formação (Ferro+, 2010); (Felicia, 2011). "" [4]

"Pode acontecer que a dada altura tenha estudantes que necessitem de pesquisas científicas ou bibliográficas através de uma biblioteca virtual, e o professor ou professor não domine tal tecnologia ou não esteja muito bem informado sobre como operá-la ou sobre a coisa mais fácil de fazer, mesmo que esteja devidamente informado para que possa, pelo menos, oferecer alguma orientação aos seus estudantes. "" [5]

"Ao rever os documentos disponíveis, é possível perceber que o âmbito, as complexidades ou a importância da utilização das TIC não são detalhados, pelo que se coloca a seguinte questão: O que sabemos sobre as TIC no ensino universitário? Quando olhamos para a literatura, podemos ver que autores como *Curbelo* e outros concordam que <u>o maior perigo da educação hoje em dia é que tentamos fazer o mesmo que fizemos ontem, com as ferramentas de hoje</u>. A aplicação e introdução das TIC como um indicador de qualidade, integrado no processo de ensino e aprendizagem nas universidades, é complexa. "" [6]

"Na nossa sociedade, as mudanças tecnológicas são tão numerosas e ocorrem tão rapidamente que muitas vezes é impossível estabelecer novos hábitos antes que os mais recentes tenham sido estabelecidos entre os tradicionais. "" [7]

"À medida que a informação e o acesso à mesma aumenta exponencialmente, a insatisfação cresce com a incapacidade da educação para preparar os estudantes com as competências e conhecimentos necessários para funcionar eficazmente na sociedade (Gilbert, 1997; Mineduc, 1997; Rodríguez+, 1993). "" [8]

"(Sanchez, 2003) diz-nos: <u>Uma das questões de maior preocupação para os sistemas educativos que implementaram tecnologias nas escolas é a integração curricular das Tecnologias de Informação e Comunicação, TIC</u>. Quando a escola <u>tiver a tecnologia e os professores aprenderem a utilizá-la, a questão que se coloca é como integrá-la no currículo</u>. Mas não só isso, mas falta-lhe um método pedagógico para obter o maior e melhor benefício da aprendizagem. A este respeito, a literatura sobre a integração curricular das TIC não é inteiramente clara na sua conceptualização e orientação. Sabe-se na arena educacional que um dos factores fundamentais que tem permeado o uso educativo das tecnologias de informação e comunicação (TIC) é a diferença nem sempre clara entre o uso das tecnologias e a sua integração curricular; e ainda menos no estabelecimento de um método de gestão do conhecimento para a sua melhor utilização. A diferença faz uma diferença significativa. Utilizar tecnologias pode significar utilizá-las para os mais diversos fins, sem um objectivo claro de aprendizagem a partir de um conteúdo. ""' [9]

"No México, apesar de a universidade possuir infra-estruturas tecnológicas suficientes instaladas para a utilização de plataformas educativas, 88% dos estudantes não as utilizaram até à data, o que corrobora que "o México mostra um progresso lento em termos de e-learning" (Reforma, 2005). ""' [10]

"O aumento do acesso às TIC por jovens estudantes universitários na área metropolitana da Cidade do México é evidente. Infelizmente, este acesso não se traduziu numa melhoria notória da qualidade da educação. Estudos sobre o desempenho dos estudantes mexicanos mostram um baixo nível de aprendizagem profunda e desenvolvimento de competências cognitivas8 (Herrera+, 2009). ""' [10]

2.1 Quadro Epistemológico de Informação

"A palavra *epistemologia* vem do grego << epistéme>>, que significa <<ciência>> (conhecimento), e de <<logos>>, que significa (tratado), <<tratamento da ciência>>>. Torna-se a teoria, a filosofia da ciência. Em Inglaterra e na Alemanha é usada para significar a parte da lógica chamada Criticismo, ou também, criteriologia; por isso, <<<conhecendo o seu objecto, extensão e importância>>>. Significa, portanto, ciência do método e das causas do conhecimento, especialmente no que diz respeito aos seus limites e validade. Num sentido mais amplo, <<crítica, discussão ou exame das ciências, do seu valor, do seu alcance>>" [50].

"A epistemologia como disciplina filosófica tem a ver com os fundamentos e métodos do conhecimento científico. Na filosofia antiga, principalmente em Platão e Aristóteles, já existem reflexões epistemológicas. Alguns autores consideram que o seu fundador é John Locke (1632-1704), que no seu Ensaio sobre o *Conhecimento* (1690) trata sistematicamente da origem, essência e certeza do conhecimento humano; outros sustentam que o autêntico fundador deste ramo filosófico é Immanuel Kant (1724-1804), uma vez que na sua *Crítica da Razão Pura* estabelece as bases do conhecimento científico. ""' [50]

"A epistemologia torna-se uma mediação reflexiva entre o desenvolvimento científico e o resto da cultura. ""' [50]

"O Mestre Estanislao Zuleta pergunta-se o que significa ensinar, e responde a partir da linha de Platão, como explica em *O Sofista,* que o problema fundamental da educação é combater a ignorância. Platão considera que a educação não é um problema semelhante ao de alimentar uma pessoa com fome, uma vez que neste caso a questão seria muito simples. O verdadeiro problema é tirar alguém da indigestão para que possa ter um apetite. Porque o que impede o acesso ao conhecimento, aquilo a que Platão chama <<ignorância>>, não é uma falta, é, pelo contrário, um excesso de opiniões em que temos uma confiança infundada. O preconceito, como Descartes, Spinoza ou Kant lhe chamou, e que Platão chamou o <<opinião>>, está sempre presente. A ideia de Platão é, portanto, que a educação eficaz tem de começar por criar uma necessidade de saber através da crítica de opinião. "" [50]

"Em segundo lugar, esta necessidade de saber não é pensada por Platão como uma necessidade de informação, mas sim como uma necessidade de pensar. O segundo critério é aprender a pensar por si próprio. Platão vai ao ponto de dizer no *Banquete* que o conhecimento não é transmitido de um homem para outro como a água é transmitida de um copo para outro por meio de um pavio de lã, mas que é necessário que cada um encontre o conhecimento pelo seu próprio processo e que seja capaz de dar conta do que sabe por ter levado a cabo esse processo. Ou seja, pense por si mesmo nas suas próprias conclusões a partir das suas próprias instalações. "" [50]

"Uma linha de pensamento sobre a educação nesta direcção contrasta com a realidade efectiva da educação como empresa de qualificação de mão-de-obra para um mercado em que a mão-de-obra qualificada adquire um certo custo. Na medida em que esta outra realidade impõe as suas exigências, teremos uma posição completamente oposta àquela brevemente descrita e sintetizando o pensamento de Platão, segundo o qual se pensa que se desenvolve ao seu próprio ritmo. Quanto tempo leva uma estrutura de opiniões, um sistema ideológico, a decompor-se para que uma mentalidade científica possa ser configurada nas suas ruínas? Não sabemos de antemão, mas há uma consciência clara de que estamos a formar um pensador, um investigador, um criador. "" [50]

"Então, a educação torna-se uma produção de mercadorias que deve ser sujeita à lógica da produção de mercadorias: tempo mínimo, custo mínimo, lucro máximo; desta forma desenvolver-se-á acelerando não a educação mas a informação, a formação, o conhecimento que será adquirido num mercado de trabalho, que é cada vez mais especializado e restrito em termos do campo em que deve operar. Hoje é possível formar então, como exemplo, engenheiros com um elevado nível de conhecimentos em certas fórmulas, mas praticamente analfabetos noutros campos vitais, sem capacidade de reflectir sobre assuntos políticos, literários, humanos, etc. "'" [50]

"De acordo com Kant, os critérios que a educação formativa deve ter são: pensar por si próprio, ou seja, o critério de não ter uma mentalidade passiva que recebe as suas verdades, e simplesmente aceitá-las, de alguma autoridade, de alguma tradição, de algum preconceito; o segundo, a capacidade de se colocar no ponto de vista do outro, ou seja, de não manter dogmaticamente o seu próprio ponto de vista como único e de poder entrar em diálogo com os outros pontos de vista na perspectiva de levar cada um às suas últimas consequências, a fim de estabelecer até que ponto eles são coerentes consigo próprio; e a terceira é levar as verdades já conquistadas às suas últimas consequências, o critério do que Kant chama *razão, ou* seja, tomar qualquer verdade como modelo para encontrar outra, uma verdade matemática ou qualquer outra. "'" [50]

"Há muitas coisas que não podemos mudar, ritmo, tempo, um *penum,* mas há outras que, como professores, podemos melhorar, pensar nos nossos temas, torná-los inquietos, transmitir entusiasmo, gerar capacidade de espanto, transmitir paixão pelo conhecimento e a capacidade de aprender desfrutando. "'" [8]

"A investigação científica é uma das actividades mais complexas e importantes da espécie humana, a fim de garantir a viabilidade e a reprodução da *biologia* social. A ciência nas suas múltiplas disciplinas em que está dividida, (com o objectivo de cobrir os muitos problemas que enfrenta), construiu desde o seu início uma série de procedimentos que surgem da reflexão profunda, do pensamento que se constitui em força criativa para influenciar a realidade, que se apresenta em primeira instância como impenetrável, mas que a partir da aplicação sistemática dessas etapas para conhecer as suas causas e origens, torna-se espaço de verdade para o investigador. "" [51]

"Na busca da verdade, os cientistas e todos aqueles que estavam interessados na ciência, criaram os métodos que estão a orientar, para descobrir ou pelo menos aproximar-se do conhecimento, por um lado, das formas em que a natureza opera e, por outro, da essência do homem como ser social e das suas construções. Neste último caso, foi gerada uma série de discussões, debates e polémicas sobre os possíveis âmbitos das ciências sociais e administrativas, que, na aurora da modernidade, tinham duas disjunções: imitar as ciências naturais ou criar uma identidade própria, tal debate constituía dois paradigmas, o quantitativo e o qualitativo. "" [51]

2.1.1 Tradições Epistémicas

"As tradições em que se baseiam tanto os paradigmas quantitativos como qualitativos têm a sua origem no esclarecimento do século XVII, com a procura do racionalismo, como método de pensamento em que se constrói a necessidade do domínio do homem sobre a natureza e do próprio homem, a dúvida científica e o cepticismo, seria o lodge do discurso da modernidade em que este se basearia. Com esta época começará a razão instrumental, como o eixo de todo o progresso material das organizações humanas. "" [51]

"A razão precisava agora de formas ordenadas de pensamento que ajudassem o homem a emancipar-se do obscurantismo medieval, construindo a modernidade e o avanço científico que estamos a viver hoje. Mas qual é a razão? Horkheimer e Adorno dão uma resposta [...] a razão é <u>a instância do pensamento calculista que organiza o mundo para fins de autopreservação e não conhece outra função que a de converter o objecto de mero material sensível em material de domínio</u>. "" [51]

"A ilustração que procura nas palavras de Kant, a libertação do homem de uma necessidade de um nível de consciência mais elevado. <u>O Iluminismo é a saída do homem da sua minoria. Ele próprio é culpado disso. A minoridade reside na incapacidade de utilizar o próprio entendimento sem a orientação de outro.</u> [...] *Sapere aude!* Tenha a coragem de usar a sua própria compreensão! <u>Aqui está o lema do Iluminismo.</u> Assim, o conhecimento esclarecido necessita de métodos e técnicas que o levem para além da simples percepção dada pelos seus sentidos, mas também não cai num falso idealismo, que o induz a distorcer a realidade, ou seja, o método torna-se uma ligação entre teoria e prática que deve resultar em verdade. '''
[51]

"As obras de Bacon em *Novum organum* e Descartes com a sua obra *Discurso sobre o Método, destinavam-se a* fornecer e promover um sistema de ideias e procedimentos logicamente ordenados, que seriam válidos a partir de explicações mais ou menos objectivas e apoiadas pela realidade, bem como pela matemática que ajudaria a corroborar hipóteses hipotéticas, baseadas na medição, quantificação e repetição do fenómeno, fornecendo assim as bases para a investigação científica sobre a explicação causal, que, embora perfeitamente estabelecida nas ciências naturais, não será a mesma nas ciências sociais e humanistas, tendo assim uma controvérsia que até à data continua a dar origem a novos debates, entre a explicação causal (erklarën) e, por outro lado, a compreensão (verstehen). '''" [51]

"A explicação causal refere-se a posições positivistas no que diz respeito às formas de abordar a investigação sobre fenómenos sociais. <u>Este positivismo científico tentará fazer ciência social, histórica, económica... seguindo a tipificação ideal da física matemática, acentuando a relevância das leis gerais para a explicação científica e tentando subsumir sob o mesmo e único método todos os conhecimentos com pretensões científicas.</u> Por outro lado, surgirá uma tradição que perceberá a compreensão como um paradigma que pretende emancipar a ciência das abordagens mecanicistas e matemáticas, dando uma abordagem hermenêutica e menos instrumental à investigação científica que é gerada naquilo a que Dilthey chamaria <u>ciências do espírito</u>, embora seja necessário salientar que: <u>a palavra ciências do espírito foi introduzida fundamentalmente com a tradução da *lógica de* J.S. Mill.</u> Gerando assim duas tradições que dariam lugar ao que poderia ser um falso debate entre a predominância de um método sobre outro, ou melhor dito, entre paradigmas. ""' [51]

"O entendimento é então uma posição que pretende interpretar o fenómeno a partir de uma relação sujeito-objecto, a partir do reconhecimento da ciência social como um produto historicamente construído e que não pode ser dissociado do seu produtor, é portanto uma posição que não vê na medição e na causalidade as respostas aos problemas humanos, considerando a sua indivisibilidade e tentando conhecer as motivações íntimas de um determinado comportamento. A <u>compreensão é uma convicção baseada em provas vivas que são alcançadas através de experiências vividas, mas não demonstráveis</u>". [51]

"Thomas Kuhn quando se refere à expressão *paradigmática* refere-se em dois sentidos:

Por um lado, refere-se a toda a constelação de crenças, valores, técnicas, etc., partilhada pelos membros de uma dada comunidade. Por outro lado, denota um elemento dessa constelação, as soluções concretas para puzzles que, usadas como modelos ou exemplos, podem substituir as regras explícitas como base para a solução dos restantes puzzles da ciência normal. ""' [51]

"Assim compreendendo como paradigma um grupo de crenças partilhadas numa comunidade científica relativamente aos métodos, técnicas e formas de investigar, pode-se dizer que há uma série de controvérsias, no sentido de compreender quantos paradigmas, bem como os métodos existentes para realizar investigação e quais são os mais apropriados, Neste aspecto parece-me que existem duas grandes tradições que já foram mencionadas *erklaren* e *verstehen,* que por sua vez estarão ligadas a dois paradigmas metodológicos, o quantitativo e o qualitativo, cada um deles com uma série de técnicas com características próprias, dependendo do objecto a tratar, mas também da posição epistemológica que o investigador tem ou prefere. ""' [51]

"As principais características já foram muito brevemente delineadas, mas é necessário incorporar mais elementos e características distintivas destes métodos que têm sido mal interpretados como antitéticos, (em grande parte devido à percepção das ciências sociais e administrativas). Podemos salientar que o paradigma quantitativo [...] atribui a si próprio uma visão positivista, hipotético-dedutiva, particularista, objectiva, orientada para os resultados e para a ciência natural do mundo. Ou seja, existe uma forte componente de elementos e técnicas para a medição destes e a necessidade de verificação empírica sobre os factos sociais, imitando as ciências naturais. ""' [51]

"Por outro lado, o paradigma qualitativo (estará mais ligado à compreensão), apresentará uma visão contrastante sobre a forma como o processo metodológico deve ser concebido. Por outro lado, diz-se que o paradigma qualitativo é atribuído a uma visão do mundo fenomenológica, indutiva, holística, subjectiva, orientada para o processo, da antropologia social. ""' [51]

"Num exercício de comparação se observarmos o quadro 1, poderemos apreciar em pormenor as diferenças específicas de ambos os paradigmas, entre as quais vale a pena notar que enquanto um observa o fenómeno a partir do interior, o outro prefere abraçar o fenómeno a partir do exterior, longe do objecto para não contaminar a investigação e daí advém a sua objectividade, em contraste, o paradigma qualitativo reconhece a sua subjectividade como algo inerente ao processo de investigação, apontando a falácia da objectividade, que só é possível quando a natureza humana não está envolvida. ""' [51]

Quadro 1

Título: Atributos dos paradigmas qualitativos e quantitativos

Paradigma Qualitativo	Paradigma Quantitativo
Defende a utilização de métodos qualitativos.	Defende a utilização de métodos quantitativos.
Fenomenologia e <<<verstehen>>: procura compreender o comportamento humano a partir do próprio quadro de referência do indivíduo.	Lógico-positivista: procura os *factos ou causas dos* fenómenos sociais com pouca atenção para os estados subjectivos dos indivíduos.
Observação naturalista e não provada.	Medição reactiva e controlada.
Subjectivo.	Objectivo.
Perto dos dados; perspectiva de quem está por dentro.	Secção de dados; perspectiva externa.
Baseado em <<realidade>>, orientado para a descoberta, exploratório, expansionista, descritivo e indutivo.	Não baseado em <<realidade>>, orientado para verificação, confirmatório, reducionista, inferencial e hipotético-dedutivo
Orientado para o processo.	Orientado para os resultados.
Válido; <<<real>>, <<rich>>> e <<deep>> dados	Seguro; dados duros e replicáveis.
Não generalizável; estudo de caso único.	Generalizável, estudos de casos múltiplos.
Holístico.	Particularista.
É uma realidade dinâmica.	É uma realidade estável.

Fonte. Charles Reichardt, e Thomas Cook, "Más allá de los métodos cualitativos versus los cuantitativos", in Estudios de psicología, No. 11, 1982, Espanha, p. 42. Disponível em: http://dialnet.unirioja.es/servlet/articulo?codigo=2858142. Data de consulta: 19/09/2013. (28-07-19)

"O paradigma qualitativo não pretende apresentar verdades absolutas, nem leis de aplicação geral, uma vez que reconhece a diversidade e pluralidade de cenários, condições e situações que se apresentam na realidade, que são portanto únicas e irrepetíveis, pelo que as observações e resultados da sua investigação só são válidos para o caso particular em estudo. O ideal deste paradigma é ter leis gerais que tenham sido obtidas a partir do cálculo matemático e da objectividade, que nada mais é do que racionalidade (herdada da racionalidade ilustrada), na sua versão positiva e que dá resultados ou produtos que supostamente ajudam na construção da sociedade em que nos desenvolvemos. ""' [51]

"Agora uma fraqueza neste esquema que Reichardt e Cook correctamente apresentam, tem a ver com a dimensão crítica, que está excluída de tais esquemas, mas que é necessária tanto na visão qualitativa como quantitativa, a compreensão e empatia com o objecto de estudo é indispensável para que possa existir uma margem de fiabilidade, mas por outro lado os dados sem uma perspectiva crítica não podem avançar, uma vez que não dirá nada de transcendente para a transformação da sociedade em que actuamos, tanto os paradigmas como os métodos dão apenas uma contribuição limitada sem a dimensão crítica de si mesmos:

Nem a observação nem a razão constituem uma autoridade. A intuição intelectual e a imaginação são muito importantes, mas não são fiáveis; podem mostrar-nos as coisas muito claramente, e ainda assim enganar-nos. São indispensáveis como fontes principais das nossas teorias, mas a maioria das nossas teorias são falsas de qualquer forma. A função mais importante da observação e do raciocínio, e mesmo da intuição e imaginação, é ajudar-nos no exame crítico dessas conjecturas ousadas que constituem o meio pelo qual sondamos o desconhecido. ""' [51]

"Na medida em que ambos os paradigmas podem construir teorias ou aproximações para a explicação e compreensão de um objecto de estudo sob a perspectiva crítica do método que utilizam e do seu resultado, será possível ter um mínimo de certeza de que esta investigação, conjectura ou teoria, tem um certo conteúdo de validade que pode contribuir para o avanço da ciência e para a busca da verdade. ""' [51]

"Até agora podemos salientar que existe uma genealogia que segue uma lógica onde o *weltanschauung* define o cientista social, em termos do *tipo de* ciência que irá realizar a partir da tradição epistemológica que aborda; em segundo lugar, a partir do paradigma em que decanta e, em terceiro lugar, as duas primeiras condições levá-lo-ão, de forma unívoca, a um método particular ou antes a uma série de métodos e técnicas particulares. A partir das tradições de compreensão e explicação, serão derivados os paradigmas quantitativos e qualitativos, e daí os métodos que se ligam aos paradigmas fundamentais que aqui propomos. "" [51]

"Os métodos quantitativos têm a vantagem de poderem fornecer informação fiável e estruturada, o que nos permite pesar a realidade do problema que enfrentamos, e também que [...] nos oferecem a possibilidade de generalizar mais amplamente os resultados, dando-nos controlo sobre os fenómenos e um ponto de vista de contagem e magnitudes dos mesmos. Da mesma forma, oferece-nos uma grande possibilidade de replicação e um enfoque em pontos específicos de tais fenómenos [...], claro que esta parte inclui a facilidade que existe para fazer comparações. Do mesmo modo, os métodos qualitativos dão-nos uma perspectiva humanista, onde sujeito e objecto se inter-relacionam para abordar uma realidade particular sem necessariamente estarem estruturados, mas também oferecem [...] profundidade aos dados, dispersão, riqueza interpretativa, contextualização do ambiente ou cenário, detalhes e experiências únicas. "" [51]

2.2 Antecedentes de investigação

Com a introdução das ferramentas TIC no ensino superior, tornou-se necessário reflectir sobre como estas ferramentas poderiam ser adaptadas às características de cada curso e às diferentes metodologias de ensino e, sobretudo, ao objectivo essencial da aprendizagem dos estudantes. Embora a resposta e a implementação possam ser complicadas, é necessário concentrar-se em cada aspecto deste puzzle a fim de encontrar uma solução que melhor se adapte às novas exigências do ensino superior com base na utilização de ferramentas TIC. Abaixo encontra-se uma lista de artigos que apoiam os antecedentes da investigação:

Nome do trabalho: A Dinâmica do Processo de Formação para a Investigação Científica no Ensino Superior Apoiado pelas Tecnologias de Informação e Comunicação

Autor(es): Lida de la C. Sánchez Ramírez, María Elena Pardo Gómez, José Manuel Izquierdo Lao

Data: 2010

Objectivos da investigação: "desenvolver um modelo didáctico que, do ponto de vista teórico, ofereça os elementos necessários para optimizar a utilização de todas as possibilidades oferecidas por estas tecnologias no processo de ensino educativo, de acordo com o processo de investigação científica, e que constitua portanto a base de uma estratégia didáctica que oriente os professores na utilização destas tecnologias neste processo e contribua assim para o seu aperfeiçoamento. "

Resumo da situação problemática: "Dadas as novas necessidades de formação dos profissionais no século XXI, as universidades já não podem deter todo o conteúdo científico e muito menos os professores podem ser o reservatório de toda a informação. Estes conteúdos não são verdades acabadas, mas estão em constante transformação, e é por isso que é necessário estar constantemente actualizado. Além disso, a *interacção é necessária nos* trabalhos em que as barreiras temporais e geográficas não constituem obstáculos ao intercâmbio e à *colaboração* atempada. "

"A partir de diagnósticos realizados no país, tem havido provas de deficiências de investigação em estudantes universitários durante o seu processo de formação na era das TIC, o que é uma expressão da contradição dialéctica entre as possibilidades entre estas tecnologias e a utilização das mesmas em termos de investigação científica. "

"A análise das possíveis causas de tais deficiências levou ao reconhecimento de que estas tecnologias não foram incorporadas no processo de formação para a investigação científica sob uma concepção que baseia cientificamente a sua utilização didáctica. "

Metodologia utilizada para o desenvolvimento do trabalho: não especifica

Resultados e conclusões mais importantes:

✓ "no modelo da dinâmica do processo de formação para a investigação científica, apoiado pelas TIC, revelaram-se as relações essenciais entre as configurações que caracterizam este processo, estabelecendo duas dimensões: a tecno-investigativa inovadora e a tecno-investigativa metodológica, que permitem resignificar a interpretação desta de um carácter holístico e dialéctico".

✓ "As relações essenciais do modelo proposto são estabelecidas do seguinte modo: da intenção de investigação técnica no desenvolvimento de uma sistematização da investigação técnica para a procura de conteúdos científicos e o carácter colaborativo na construção de conteúdos científicos no processo de investigação científica. "

✓ "A regularidade essencial é dada pela lógica integradora que se estabelece entre a intencionalidade tecno-investigativa, a sistematização tecno-investigativa e a construção colaborativa do conteúdo científico, como processos de síntese na dinâmica do processo de formação para a investigação científica, apoiada pelas TIC. "

Nome do trabalho: Gestão do conhecimento de três Órgãos Académicos Consolidados da Área Educativa

Autor(es): Juan Carlos Mijangos Noh, Karla Sugey Manzo Cabrera

Data: Janeiro-Junho, 2012

Objectivos de investigação: "descrever as características da gestão do conhecimento levada a cabo por organismos académicos (AC) consolidados na área da educação, a fim de reconhecer padrões que permitam a consolidação de outros AC na área da educação".

Síntese da situação problemática levantada: "as provas recolhidas no caso das três CA participantes neste estudo mostram que o seu processo de consolidação não foi isento de problemas relacionados com os seus respectivos processos de gestão do conhecimento, que podemos classificar nas seguintes áreas:

Problemas associados às contradições entre as formas de gestão do conhecimento que existiam nos momentos anteriores ao estabelecimento das políticas do Promep, o quadro institucional regulado que marca a criação e o desenvolvimento das CA.

Problemas relacionados com a tomada de decisões estratégicas sobre a valorização das ACs. Estes problemas surgem, de acordo com o grupo focal e entrevistas realizadas, do facto de o Promep ter vindo a instituir não só regras, mas também novas funções ligadas à participação e gestão dos CA. Temos provas de que em todos os casos os CA, em particular os coordenadores e membros do grupo central, interagem por vezes em contradição e outras vezes francamente em conflito com agentes de instâncias estabelecidas nas universidades antes do surgimento dos CA."

Metodologia utilizada para o desenvolvimento do trabalho: "entrevistas de grupo, entrevistas individuais, resposta escrita a perguntas abertas". "

Resultados e conclusões mais importantes: "Os resultados do estudo confirmam o que é dito (Rodriguez, 2006) e (Fainholc, 2006), sobre a necessidade de estabelecer o quadro de regras e normas em que a gestão do conhecimento é desenvolvida. Podemos dizer que, para além da disciplina e habilidade com que a gestão do conhecimento deve ser dirigida e operada de modo a condicionar favoravelmente a catálise da realização dos objectivos, é também importante considerar o tipo de membros de cada grupo. O correcto reconhecimento e utilização da diversidade disciplinar fornece directrizes para uma melhor adaptação ao trabalho em equipa e permite maiores benefícios. Neste caso, o benefício dos muito diversos antecedentes disciplinares dos membros do AC estudado desempenhou um papel significativo nos processos de gestão do conhecimento. Finalmente, propomos a necessidade de, a partir dos resultados obtidos neste estudo, serem feitas novas pesquisas a fim de identificar mais características sobre os microprocessos que são desenvolvidos em cada AC e de ser capaz de descrever a dinâmica interna dos grupos. Talvez as particularidades de tais dinâmicas também condicionem a gestão do conhecimento. Do mesmo modo, recomendamos o estudo das ligações entre o tipo de liderança e a gestão do conhecimento, uma vez que na nossa investigação encontramos alguns elementos que nos permitem vislumbrar uma relação importante entre estes dois componentes da vida das CA. "

Nome da obra: "Gestão do Conhecimento na Universidade Nova Cubana".

Autores: "Dra. Vivian Estrada Sentí, Dr. Francisco Benítez Cárdenas".

Data: 2006

Objectivos de investigação: "universalizar o conhecimento e alcançar uma cultura geral abrangente para os nossos cidadãos, analisar o desenvolvimento da gestão do conhecimento nas universidades e as estratégias que permitem melhorá-lo tanto no contexto internacional como em Cuba, a fim de consolidar as transformações rumo a uma nova universidade. "

Resumo da situação problemática: "o desenvolvimento vertiginoso da tecnologia, produzida principalmente a partir da segunda metade do século XX e a sua assimilação imediata em alguns países, favoreceu a criação de condições para a transição de sociedades baseadas na produção tangível para sociedades onde a característica fundamental é a produção de conhecimentos e intangíveis, cujo valor excede por vezes o da própria produção material. Isto levou ao conceito de que estamos na presença de sociedades baseadas no conhecimento.

Embora isto possa ser verdade para alguns países, a maioria da população mundial continua a ser económica e socialmente atrasada e o fosso entre os países desenvolvidos e o resto do planeta está a aumentar, acentuando desigualdades tanto entre os próprios países como dentro dos estratos sociais dos chamados países em desenvolvimento.

É uma realidade que os países em desenvolvimento que querem aproveitar as oportunidades oferecidas por este novo paradigma devem desenvolver políticas agressivas no domínio da educação. "

Metodologia utilizada para o desenvolvimento do trabalho: não específica.

Resultados e conclusões mais importantes: "As universidades sempre foram instituições totalmente centradas no conhecimento e na sua <u>gestão, pelo que é</u> uma oportunidade e uma necessidade na sua elevada responsabilidade educativa e na preparação de cenários aplicar os métodos e técnicas adequados ao contexto e aos objectivos das organizações. Os diferentes processos que utilizam e geram informação nas universidades e que são básicos para alcançar o conhecimento devem ser especialmente atendidos de forma individual e na sua integração, armazenamento, transferência, utilização e avaliação deste conhecimento e das suas inter-relações. "

"Em particular, o processo de ensino e aprendizagem deve beneficiar das mudanças que a introdução das TIC permite hoje em dia, mas isto é condicionado pelo desenvolvimento de acções eficazes na sua organização e planeamento, bem como na preparação dos professores. "

Nome do trabalho: Modelo para o Desenvolvimento da Gestão do Conhecimento nos Centros de Investigação das Universidades Públicas Colombianas Caso de aplicação Universidade Pedagógica e Tecnológica da Colômbia (UPTC)

Autor(es): José Javier Gonzales Millán

Data: 2009

Objectivos de investigação: "gerar ambientes que favoreçam a aplicação e o desenvolvimento óptimos da gestão do conhecimento na universidade. Fazer uma breve conceptualização teórica referente ao tema da gestão do conhecimento, apresentar as suas aplicações e o seu estado actual no ensino superior, especificamente nos centros de investigação da Universidade Pedagógica e Tecnológica da Colômbia (UPTC), determinar orientações para o desenvolvimento da sua gestão e apresentar um modelo teórico para o óptimo desempenho da gestão do conhecimento na universidade pública, fazendo algumas alusões à universidade colombiana. "

Síntese da situação problemática levantada: "a razão fundamental pela qual a investigação é realizada sobre este objecto deve-se à conformação orgânica da investigação da UPTC, que dirige a direcção da investigação (Din)[1], um organismo atribuído à vice-reitoria académica da instituição. Este subdivide-se em centros de investigação, que nada mais são do que uma figura de gestão administrativa e procedimentos operacionais. Com base nesta clareza, é necessário concentrar-se nos grupos que compõem cada centro de investigação, uma vez que é aí que se encontram os produtos e outras variáveis relacionadas com a gestão do conhecimento, ao contrário dos centros em que não existe qualquer tipo de actividade relacionada com os processos de gestão do conhecimento na investigação, muito menos referências à categorização ou à produtividade relacionada com os padrões das Colciencias. ”

Metodologia utilizada para o desenvolvimento do trabalho: "No presente artigo, foi utilizada a investigação descritiva. Foram consultados investigadores peritos na matéria, tais como os directores dos grupos de investigação. Foi realizado um inquérito entre os responsáveis pela implementação de políticas de investigação e gestão do conhecimento na UPTC. O inquérito anexo foi utilizado como instrumento de auto-diagnóstico da gestão do conhecimento em grupos de investigação da Universidade Pedagógica e Tecnológica da Colômbia. Foram consultadas bases de dados, revistas, documentos e relatórios e foram recuperados documentos. ”

Resultados e conclusões mais importantes:

• "É necessário introduzir flexibilidade nas organizações universitárias da América Latina e Colômbia para enfrentar adequadamente o ritmo acclerado do desenvolvimento tecnológico e outras transformações no mundo contemporâneo. ”

• "Os centros de investigação têm um capital humano de alta qualidade, mas os incentivos são baixos e as condições de acesso à tecnologia limitadas, devido ao orçamento atribuído pela nação e por Colciencias. ”

• "Os processos de gestão do conhecimento nos centros de investigação têm deficiências que não permitem um progresso rápido em escala e reconhecimento em Colciencias; do mesmo modo, perdem-se oportunidades de acesso aos recursos que esta entidade oferece aos investigadores. ”

- "Em relação aos factores qualitativos, destaca-se a produtividade, atingindo uma média de 4,65 produtos por investigador; quanto ao apoio económico, é bastante deficiente. A Internet é uma ferramenta de grande utilidade para a transferência de conhecimentos; por outro lado, foi demonstrado que os grupos têm, na sua maioria, uma trajectória de mais de sete anos. Em termos de número de membros, o número médio é de 26; devido ao seu grau de envolvimento, os grupos são compostos por professores permanentes, professores temporários e jovens investigadores. "

- "O estudo, na sua parte final, revelou que, no tempo da existência e os membros, especificamente os professores de plantas e os jovens investigadores, são os que melhor ajudam a gerar conhecimento. Os grupos de investigação têm um capital humano de alta qualidade, mas o estímulo é baixo e as condições de acesso à tecnologia são limitadas, bem como a recepção de incentivos económicos; por outro lado, é detectado um processo de papelada para o estabelecimento da investigação, o que afecta a sua eficiência e permite que a UPTC seja classificada, em geral, numa gama média de gestão do conhecimento da investigação. Finalmente, a investigação apresentou um modelo teórico e propostas para o desenvolvimento e consolidação da gestão do conhecimento em grupos universitários, orientado para a melhoria contínua e para a criação de directrizes que permitam a sua clara identificação. "

Nome da obra: "Digital Access Gap Between University Professors, de acordo com a sua Disciplina". "

Autor(es): "Ana Teresa Morales Rodríguez e Alberto Ramírez Martinell"

Data: Maio de 2015

Objectivos de investigação: "identificar as diferenças entre os professores universitários em quatro carreiras nas TIC. "

Resumo da situação problemática levantada: "a fractura digital é um fenómeno que ocorre no contexto da Sociedade da Informação e Comunicação (Castells, 2002) e refere-se às desigualdades que existem no que respeita à utilização da tecnologia (Crovi, 2009). Deve salientar-se que a Divisão *Digital* não é um conceito estático, completamente limitado ou universal, mas sim um fenómeno com múltiplas dimensões, que nos permite identificar diferentes tipos de divisões, entre as quais podemos mencionar a divisão cognitiva, a divisão de uso, a divisão de apropriação, a divisão geracional e a divisão de acesso, só para mencionar algumas (Ramírez+, 2013). A lacuna de acesso é caracterizada pelas condições de infra-estrutura tecnológica de uma nação, de um grupo de pessoas ou de um indivíduo. No caso deste estudo, é analisada a possível divisão digital entre grupos de professores de quatro disciplinas académicas diferentes. "

Metodologia utilizada para o desenvolvimento do trabalho: "a metodologia utilizada para este estudo, parte do projecto Digital Divide3 , no qual foi desenvolvido um instrumento de inquérito baseado em normas internacionais de TIC, de organizações internacionais como a OCDE, ISTE, UNESCO, ILCE e ACRL. Este instrumento consiste em várias secções que aprofundam a apropriação tecnológica dos professores universitários, entre as quais: nível socioeconómico; percepção sobre as TIC; conhecimentos digitais do tipo informático, tais como dispositivos de manipulação, ficheiros, manipulação de texto e texto enriquecido, manipulação de conteúdos multimédia, entre outros; e conhecimentos informativos, tais como literacia e cidadania digital dos professores universitários. Para este artigo, utilizamos a secção de informação geral e a secção socioeconómica, uma vez que esta última fornece informações sobre os dispositivos digitais que o professor possui, e o seu grau de conectividade com a Internet. "

"A aplicação do instrumento foi realizada em cada uma das quatro faculdades que compõem este estudo, no caso das três primeiras, a aplicação foi realizada no âmbito do Workshop de Conhecimento Digital do Projecto Divisão Digital, onde também foi extraída informação que contribui para o conhecimento da situação actual - de infra-estruturas TIC - das entidades académicas em que os professores trabalham; e no caso dos professores de informática, a aplicação do mesmo instrumento foi realizada por meio de dez entrevistadores que se dirigiram pessoalmente aos professores para pedir o seu apoio na resposta ao inquérito. O universo da população é constituído por 186 professores e 108 foram inquiridos, distribuídos da seguinte forma: 10 de 24 professores de filosofia; 35 de 64 professores de língua inglesa; 15 de 36 professores de biologia; e 48 de 62 professores de ciências informáticas. Havia um total de 186 professores, dos quais 108 responderam ao inquérito. "

Resultados e conclusões mais importantes: "Este artigo explorou o acesso às TIC, entendido como o fornecimento de computadores; acesso à Internet e aos dispositivos móveis (Smartphone e tablet), para fazer uma comparação do acesso que os professores de quatro disciplinas têm, para descobrir que em termos de computador e conectividade não existem diferenças significativas entre as quatro comunidades académicas estudadas, rejeitando assim a hipótese da existência de uma divisão de acesso digital, uma vez que 100% de todos os professores deste estudo têm um ou mais computadores - desktop ou laptop -, eles acedem à Internet praticamente a toda a hora uma vez que permanecem ligados nas suas respectivas entidades de trabalho, em casa, e há mesmo professores que têm dispositivos móveis complementares com ligação à Internet. "

"Contudo, existem tonalidades no acesso às TIC, de acordo com a natureza das disciplinas dos professores, e entre as mais importantes podemos mencionar que Em todos os graus, há uma tendência para preferir o portátil, salientando que as disciplinas duras têm um maior número de professores que o têm e é nelas que se denota a baixa preferência pelo computador de secretária; sobre onde os professores obtêm os recursos tecnológicos, revela-se uma vantagem das disciplinas duras em relação às suaves, uma vez que dado o seu carácter científico, empírico e prático têm maior oportunidade de gerar produtos que se traduzem em benefícios económicos provenientes de reconhecimentos como o PEDPA, PROMEP e SIN; e com respeito à mobilidade, o panorama geral não é encorajador, uma vez que em termos de conectividade não existe uma faculdade em que o número de professores com um plano de dados Smartphone exceda 44%, e as disciplinas aplicadas têm um maior número de professores com acesso à conectividade móvel, e isto coincide com o baixo nível de acesso a dispositivos móveis como o Smartphone e o tablet, onde mais uma vez foram encontradas diferenças no acesso, o que nos permite reflectir sobre a indispensabilidade destes dispositivos de acordo com as necessidades de cada disciplina. Isto porque em alguns dos elementos analisados, uma vantagem das disciplinas difíceis tornou-se evidente no caso da obtenção de recursos TIC, e em outros casos dos aplicados na posse de dispositivos móveis e conectividade. ”

"Em resumo, o computador e a ligação à Internet são básicos para professores de qualquer disciplina, e em termos de dispositivos e conectividade móvel existem diferenças de acordo com os usos que os dispositivos podem ter e quão significativos eles podem ser para os fins de cada campo do conhecimento. ”

"Finalmente, reconhece-se que os professores ultrapassaram a lacuna de acesso, contudo, é necessário - e também a fase seguinte desta investigação - estudar as competências que possuem para a sua gestão, a frequência de utilização destas tecnologias e a intencionalidade ou fins para os quais as utilizam, a fim de poder diferenciar o grau de utilização, e apropriação das TIC, de acordo com a disciplina dos professores. ”

2.3 Base Teórica

2.3.1. referências teóricas

"O conhecimento como conceito tem sido tratado de diferentes perspectivas, por exemplo, Polanyi (1966) afirma que os seres humanos têm conhecimentos muitas vezes difíceis de transferir; dentro da organização pode também haver conhecimentos explícitos que podem ser transferidos com a ajuda de regras, procedimentos, expressões matemáticas, entre outros. Há também algumas visões que falam de conhecimento como resultado da elaboração de cada pessoa a partir da informação que possui através da aplicação de processos de aprendizagem (Quintanilla, 2003; Serban e Luan, 2002). "" [7]

"Maturana e Varela (1984) definem o conhecimento como as crenças cognitivas, confirmadas, experimentadas e contextualizadas do conhecedor sobre o objecto, que serão condicionadas pelo ambiente e melhoradas e sistematizadas pelas capacidades do conhecedor, que estabelecem as bases para uma acção objectiva e geração de valor. Muitas vezes, nas organizações, não está apenas enraizado em documentos ou bases de dados, mas também em rotinas, processos, práticas e normas institucionais. "" [7]

"Pela sua parte, Benavides e Quintana (2005) afirmam que a gestão do conhecimento ajuda as organizações a tomar decisões para resolver problemas com base num método que resgata quatro variáveis: identificação e medição; geração, captura e armazenamento; acesso e transferência. Por outro lado, encontramos autores como Bhatt (2001) que se concentram na gestão do conhecimento como resultado da formação de subsistemas sociais e tecnológicos dentro da organização que, por sua vez, ajudam na formação de competências organizacionais. Outros como Kogut e Zander (1992) concentram-se no crescimento do conhecimento dentro da organização e estão entre os primeiros a destacar a sua importância estratégica dentro da organização. "" [7]

"Devemos ter em conta que, para falar da teoria da criação do conhecimento, devem ser tidas em conta duas dimensões, a ontogenética e a epistemológica; a primeira fala do ambiente em que o conhecimento é gerado, depende do indivíduo e de como este se expande de forma organizada. A segunda baseia-se no processo de comunicação em torno de modos de conversação baseados em conhecimentos tácitos e explícitos. "" [7]

2.3.2 Gestão do conhecimento

ESTRADA, Vivian (2006) afirma: "O vertiginoso desenvolvimento da tecnologia, produzido principalmente a partir da segunda metade do século XX e a sua assimilação imediata em alguns países, favoreceu a criação de condições para a transição de sociedades baseadas na produção tangível para sociedades onde a característica fundamental é a produção de conhecimentos e intangíveis, cujo valor por vezes excede o da própria produção material. Isto levou ao conceito de que estamos na presença de sociedades baseadas no conhecimento. "" [12]

"É uma realidade que os países em desenvolvimento que querem aproveitar as oportunidades oferecidas por este novo paradigma devem desenvolver políticas agressivas no domínio da educação. "" [12]

Desenvolvimento

"A gestão do conhecimento não surge como uma ideia isolada, é pelas suas próprias características um conjunto de acções inerentes à actividade humana, é um processo, pelo que pode ser estudado, organizado, estruturado e aplicado de forma criativa numa organização. "" [12]

"Tem havido uma procura crescente de formação contínua por parte dos profissionais, principalmente devido à actual velocidade de criação e transferência de conhecimento. A Gestão do Conhecimento é uma disciplina adequada para abordar e integrar as novas necessidades do ensino superior, tanto na gestão da própria instituição universitária como nas suas funções de investigação e ensino. "" [12]

"No caso das universidades, e tendo em conta as novas necessidades causadas pelo actual contexto económico, social e tecnológico, a aplicação da gestão do conhecimento deve ser orientada tanto para a reorganização interna dos processos como para a melhoria do ensino e da investigação, com o objectivo de facilitar o desenvolvimento de uma universidade competitiva e adaptada às novas exigências da sociedade. "" [12]

"A principal missão da Gestão do Conhecimento é criar um ambiente em que o conhecimento e a informação disponíveis numa organização sejam acessíveis e possam ser utilizados para estimular a inovação e melhorar a tomada de decisões. A chave é criar uma cultura em que a informação e o conhecimento sejam valorizados, partilhados, geridos e utilizados de forma eficaz e eficiente. "" [12]

"Apesar dos anos que passaram na chamada <u>sociedade do conhecimento,</u> acontece que muita da informação que passa pelas universidades continua a ser em papel e quando algum processo é automatizado, continua a ser, num bom número de casos, o tratamento clássico e isolado. As universidades sempre foram instituições totalmente centradas no conhecimento e na sua gestão, pelo que é uma oportunidade e uma necessidade na sua elevada responsabilidade educativa e na preparação de cenários para aplicar os métodos e técnicas adequados ao contexto e aos objectivos da organização. É muito importante identificar os processos que utilizam e geram informação nas universidades e que são básicos para alcançar o conhecimento. "" [12]

"A gestão do conhecimento é um conjunto de estratégias e processos para identificar, captar e socializar o conhecimento a fim de ajudar a organização a tornar-se mais competitiva. "" [12]

"Aprender não é simplesmente obter informação, é melhorar a nossa capacidade de iniciar a acção e alcançar uma melhoria sustentada no desempenho e a forma como a organização compreende e facilita a aprendizagem e a inovação, a forma como encoraja os trabalhadores a transmitir e receber conhecimento. A melhoria dos recursos de informação gerados por cada organização, a análise dos seus fluxos, a gestão eficaz dos mesmos tornou-se uma necessidade inevitável. ""' [12]

"Entre os principais aspectos a abordar, como parte de uma estratégia de Gestão do Conhecimento, podemos destacar

- **A criação de comunidades de conhecimento** por ramos de conhecimento relacionados e transdisciplinares que garantem a relação humana necessária para alcançar um fluxo eficaz de conhecimento (todas as condições para tal existem nas universidades, mas é necessário agir conscientemente neste sentido).
- **Ter uma intranet** eficiente para a **troca de** informações, conhecimentos e experiências.
- **Actualização sistemática da informação** necessária para tornar a tomada de decisões mais rápida e eficaz.
- **Ter bases de dados que** beneficiem estudantes, professores e investigadores (digitalização de todos os documentos internos necessários para o desenvolvimento do estudo e investigação, documentos de professores e investigadores, documentos de estudantes, exames de cursos anteriores, etc.), tudo isto pode ser organizado com a utilização de ferramentas para este fim, tais como mapas conceptuais.
- **Gerir o conhecimento tácito e convertê-lo em conhecimento explícito** (sempre que possível) e encontrar formas metodologicamente adequadas para o apresentar em materiais pedagógicos (artigos, livros, teses, monografias, etc.), materiais organizacionais, regulamentos e outros que contribuam para manter e melhorar o seu capital intelectual.
- **Ter um repositório de informação** - de conhecimentos - ao qual todos os trabalhadores têm acesso, complementado com ferramentas de comunicação para troca de experiências, conhecimentos e estudos de casos, o que implicará uma melhoria nos processos de gestão. ""' [12]

"É de notar que dadas duas condições básicas: desenvolvimento tecnológico e mudança cultural, muito do que acontece com respeito à Gestão do Conhecimento é a exploração de novos modelos de gestão organizacional tendo em conta o elemento tecnológico ou informático, mas no fundo expressa uma nova forma de se relacionar com a informação e o conhecimento onde não basta ter acesso a grandes quantidades de informação, é necessário que os indivíduos possam e saibam como processá-la. "" [12]

"Geralmente, gasta-se muito mais tempo na procura de informação do que na sua análise, sendo esta última a mais importante. Não é útil para uma organização ter indivíduos com talento e conhecimento, se esse conhecimento não for aproveitado por esta organização. "" [12]

"Embora seja verdade que na prática muito poucas organizações estão a aplicar e a desenvolver plenamente a Gestão do Conhecimento, principalmente devido à complexidade do seu tratamento e ao facto de não haver profissionais totalmente formados para orientar tais processos, isto não diminui a sua importância e significado principalmente em combinação com as TIC e a utilização de ferramentas apropriadas para este fim. "" [12]

"As instituições educativas devem assumir a gestão do conhecimento e inserir-se na sociedade da informação, assumindo uma posição de liderança. A realização de um programa de gestão do conhecimento na esfera da educação pode ser considerada indispensável, pelo menos pelas seguintes razões:

1.   Atingir uma maior qualidade de ensino presencial, combinado e à distância, não só devido ao que isto significa para os estudantes, mas também para os professores.
2.   A necessidade existente de cobrir novas aptidões e competências de estudantes e profissionais.

3. A crescente geração de informação em formato digital, bem como os procedimentos e ferramentas para o seu processamento.

4. A necessidade de desenvolver estratégias específicas para a nova universidade que facilitem a aprendizagem e ganhem em eficácia e eficiência "'' [12]

"Nesta fase que estamos a viver não basta ter acesso ou possuir informação, é necessário saber como utilizá-la adequadamente na resolução de problemas ou situações reais. Ou seja, ter a capacidade de transformar e transferir essa informação inicial em conhecimento dentro de períodos de tempo e situações muito específicas. É neste ponto que existe um interesse especial. "'' [12]

"Situadas na perspectiva da Sociedade do Conhecimento, algumas das questões a serem abordadas e reforçadas são

- **Desenvolvimento e melhoria do ensino misto e à distância,** uma vez que estes se tornam um modelo essencial na concepção da nova universidade.

- **gerir e organizar os conhecimentos básicos para diferentes cursos de** forma a facilitar o seu acesso utilizando ferramentas apropriadas tais como mapas conceptuais. Trabalhar com bases de dados digitais e redes telemáticas.

- **Desenvolvimento de novos conteúdos e valores** (trabalho colaborativo, aplicações informáticas, etc.)

- **Utilização de estratégias pedagógicas que** favoreçam a aprendizagem, compatíveis com a gestão do conhecimento, tais como a aprendizagem baseada em problemas, etc.

- **Reforçar e priorizar o papel do tutor,** não só como figura académica tradicional nas universidades, mas também como educador e mentor, capaz de transmitir e criar valores nos estudantes que garantam, juntamente com o ambiente experiencial dos estudantes, a sua formação abrangente como cidadãos e futuros profissionais. "'' [12]

"As TIC e a Internet em particular, juntamente com a crescente generalização das bases de conhecimento, são a nova área de investigação, desenvolvimento e serviços para os profissionais da informação. Se, por um lado, as TIC significam a eliminação de muitas das barreiras ao acesso à informação, há duas questões básicas que devem estar muito presentes na questão da educação e da aquisição de novos conhecimentos, elas são

- A informação disponível deve ser organizada e de boa qualidade.
- Dispor de recursos informáticos de qualidade para melhorar a gestão dos conteúdos necessários. ""' [12]

"Por outras palavras, não podemos dizer que a Web ou a informação sobre meios digitais é, por si só, um recurso adequado para a formação, pelo que precisamos de ferramentas informáticas para ajudar a facilitar a gestão de conteúdos. ""' [12]

"No **ensino misto e à distância, em** particular, a qualidade da informação nos meios digitais torna-se então um factor com enormes implicações para a criação e transferência de conhecimento. ""' [12]

"Para além da sua utilização tradicional, para efeitos de gestão do conhecimento, deve ser dada especial atenção ao efeito que as tecnologias produzem na forma como comunicamos, investigamos, estudamos e preparamos as aulas, pois **são indicadores difíceis de medir, mas de importância relevante**. Já não é apenas o computador como meio de ensino que deve ser examinado, mas se está ligado em rede, a que rede está ligado, que base de conhecimentos se acede com ele, que aplicações tem, etc. Para as universidades há dois aspectos chave ligados à gestão do conhecimento, que por sua vez estão directamente inter-relacionados:

a)   A criação de condições favoráveis no panorama universitário.

b)   A formação de gestores do conhecimento para o futuro, equipados com os valores apropriados. "" [12]

"As profundas e rápidas transformações que o desenvolvimento tecnológico imprime no mundo actual têm repercussões no modelo do profissional. Estão a surgir novas exigências tanto para o profissional que vai ser formado nas salas de aula da universidade de hoje, tanto na sala de aula como para os profissionais licenciados e praticantes que participam na educação contínua, ao longo das suas vidas. "" [12]

"BALMORI, Rocío (2012) afirma; a gestão está a fazer acontecer em qualquer área do conhecimento; contudo, quando dizemos gestão do conhecimento estamos a falar de criação, transferência, armazenamento, aplicação e utilização do próprio conhecimento; o que deve ser considerado é um elemento muito importante: capital intelectual. Em qualquer área do conhecimento, e ainda mais na educação, o capital intelectual está envolvido. "13] "Infelizmente, até muito recentemente, havia uma preocupação no ensino superior sobre a gestão do conhecimento; poucas instituições de ensino superior (IES) conseguiram tirar partido da riqueza deste tipo de gestão, quando é no ensino superior que o conhecimento é ou deve ser gestar. "" [13]

"Somos humanos e uma das nossas características é que somos rotineiros. Em cada novo curso <u>ensinamos</u> os conhecimentos que consideramos necessários para o assunto que apresentamos. Ainda não temos o hábito de <u>partilhar o assunto</u> com os nossos alunos. Continuamos a <u>transmitir os</u> conhecimentos. É aqui que um maior conhecimento poderia ser gestar, uma vez que todos os estudantes trazem consigo certos conhecimentos sobre o assunto com o qual estamos a lidar. Assim, podíamos construir em cada turma, com novos alunos, novos conhecimentos baseados no que foi desenvolvido na última turma entre o professor e os alunos. Esta é uma forma de promover o que é a gestão do conhecimento nas IES. "" [13]

"López, G. (2005) afirma: a gestão do conhecimento tem maior relevância nas instituições que nascem e se desenvolvem historicamente para esse fim: as universidades. Do ponto de vista da gestão destas instituições, especialmente as da América Latina, parece estar a chegar o momento de implementar sistemas explícitos e específicos para gerir e valorizar os conhecimentos que elas possuem. "" [14]

Gestão do Conhecimento

"Dada a crescente importância do capital intelectual nas empresas actuais, a sua gestão é particularmente importante, e em virtude da sua associação com o processo de criação e gestão do conhecimento, as expressões gestão do capital intelectual e gestão do conhecimento são frequentemente utilizadas de forma intercambiável. Devido a isto, pode-se dizer que a gestão do conhecimento é o conjunto de processos e sistemas que levam ao aumento do capital intelectual de uma organização. "" [14]

Universidade

"A universidade é uma organização baseada no conhecimento cuja missão, com diferentes ênfases dependendo da universidade, é gerar ou criar, transmitir e disseminar conhecimento. A geração ou criação do conhecimento está geralmente associada à função de investigação; a transmissão do conhecimento à função de ensino; e a difusão ou difusão do conhecimento à função de extensão. Como organização intensiva em conhecimento, a sua capacidade de gerir a criação, transmissão e disseminação do conhecimento torna-se crucial no mundo contemporâneo. "" [14]

Universidades e gestão do conhecimento

"A valorização do conhecimento, de relevância crescente, é uma componente da gestão que as empresas devem levar a cabo e para a qual não parecem definitivamente estar adequadamente preparadas. Estudos recentes (Jensen e

Thursby (2001)) mostram que as universidades não têm estado em posição de valorizar, comercializar, negociar, e mesmo atribuir recursos à produção de conhecimento, especialmente no caso das que têm uma orientação comercial de médio a curto prazo. No caso particular da universidade, cuja razão de ser é a criação, transmissão e difusão do conhecimento, a valorização das actividades realizadas no seu seio tem múltiplas complexidades de apropriação do ponto de vista institucional e do ponto de vista da comunidade que a acolhe. "" [14]

"Até recentemente, a criação do conhecimento era reconhecida como um processo quase exclusivo dos centros de investigação e das universidades. No entanto, na última década, com o aumento do capital intelectual como um dos recursos intangíveis que dá maior valor às empresas, as teorias de gestão empresarial voltaram-se para a gestão do conhecimento, resultando em propostas de modelos sobre a criação, armazenamento e distribuição do conhecimento. Paradoxalmente, pouco tem sido explorado sobre a aplicabilidade destes modelos nas universidades cuja <u>actividade principal</u> é precisamente a gestão do conhecimento. "" [14]

"MEJÍA, Mónica (2013) afirma: nas organizações de hoje, possuir conhecimentos não é suficiente, pois devem primeiro certificar-se de que são os conhecimentos necessários para realizar as tarefas, bem como que são acessíveis às pessoas que os requerem e que podem ser armazenados, transmitidos e utilizados nos seus processos. "" [15]

"O processo de Gestão do Conhecimento, inclui mais do que o uso adequado das tecnologias de informação, implica a confiança e cooperação das pessoas envolvidas na organização, que partilham uma visão organizacional e que trabalham num ambiente organizacional que promove a aprendizagem organizacional com a conversão do conhecimento tácito em conhecimento explícito. "" [15]

CASAS, Miguel (2005) afirma: "em qualquer sociedade, seja ela <u>desenvolvida </u>ou <u>em desenvolvimento, </u>o factor-chave para o seu progresso é a sua capacidade efectiva de gerar e aplicar continuamente o <u>Conhecimento aos </u>vários campos da vida social, técnica e científica. Consequentemente, o principal e essencial instrumento para os complexos processos de transformação e modernização destas sociedades é a educação e, dentro dela, especialmente a universidade. Mas não é uma questão de educação e da universidade nas suas formas habituais e tradicionais, mas sim de repensar completamente as novas formas de organização, administração, investigação e acção. Estas mudanças podem ser fomentadas por teorias e processos inovadores tornados possíveis pelas novas tecnologias de informação e comunicação. "'' [16]

A Universidade e a Sociedade do Conhecimento

"Num mundo como o actual, caracterizado por uma mudança incessante e inesperada, e por uma Globalização crescente, o paradigma clássico de uma universidade tradicional e quase imutável não é muito congruente com as novas realidades e exigências sociais e científicas, tanto presentes como futuras. Por outro lado, se considerarmos que, cada vez mais, a investigação importante concorda que nenhuma sociedade é hoje superior às suas universidades, é evidente que um instrumento essencial de progresso e desenvolvimento é a universidade. De facto, não há países verdadeiramente avançados que não tenham um sistema universitário eficaz e, dentro dele, uma investigação sólida e permanente. Estas declarações são particularmente importantes no caso da Ibero-América, uma vez que mesmo algumas das suas universidades mais destacadas estão hoje em dia a mostrar sérias e contínuas limitações em poder modificar rápida e profundamente os seus modelos, estruturas e procedimentos obsoletos, a fim de poder responder funcional e oportunamente a novas e exigentes exigências. "'' [16]

"Segundo Mijangos, J. C. e Manzo, K. S. (Janeiro-Junho, 2012) um exame crítico do conceito de gestão do conhecimento é: O conhecimento tornou-se um elemento indispensável para o desenvolvimento económico e social devido à importância que adquiriu como novo factor de produção, uma vez que, a partir dele, são realizadas acções derivadas da combinação de informação, experiências, valores e normas internas (Rodriguez, 2006; Davenport & Prusak, 2001, citado em Romero, 2007). ""' [28]

"PÁEZ, Meivys (2012) afirma: o conhecimento pedagógico no Ensino Superior é constituído pelo conjunto organizado de dados, informação, experiência e know-how no campo pedagógico, isto tem um impacto directo nos processos formativos através das transformações e tomada de decisões na formação dos profissionais e na melhoria pedagógica dos professores. No entanto, os novos desafios que hoje se apresentam no Ensino Superior levam a repensar a forma como este conhecimento é gerido nas universidades. ""' [17]

"A aprendizagem organizacional é mais do que a soma das partes da aprendizagem individual (Dodgson, 1995). Uma organização não perde as suas capacidades aprendidas quando os seus membros deixam a organização. A aprendizagem organizacional contribui para a memória da organização. Assim, os sistemas de aprendizagem não só influenciam os membros actuais, mas também os membros futuros, devido à acumulação de histórias, experiências e normas. ""' [17]

"GONZALES, José (2009) afirma: A gestão do conhecimento é hoje em dia um elemento de grande importância para o desenvolvimento organizacional e, em vez de ser um meio de desenvolvimento, torna-se um fim. Por esta razão, é valorizada no campo académico como um dos elementos do trabalho universitário, especialmente no que diz respeito à investigação e centros de investigação, de tal forma que este item se encontra entre os três pilares fundamentais da missão universitária. Por esta razão, é de grande importância gerar ambientes que favoreçam a aplicação e o desenvolvimento óptimos da gestão do conhecimento na universidade. ""' [18]

Conceptualização da gestão do conhecimento

"É pertinente citar, em primeira instância, Drucker (1993:87), que destaca o valor do conhecimento como um bem, importante para as organizações. Ele mostra que é o recurso mais relevante de uma empresa, pelo que hoje em dia são feitos esforços para definir como adquiri-lo, retê-lo e geri-lo. "" [18]

"Karl Sbeiby (1997) descreve a gestão do conhecimento através de duas linhas de influência, originalmente variando de uma engenharia a uma visão humanista. Deste ponto de vista, a gestão do pessoal e a gestão da informação são identificadas. Indo um pouco mais fundo na sua teoria, existe uma terceira corrente, centrada no processo de gestão do conhecimento na organização; por esta razão, as três correntes relacionadas com o tema devem ser conhecidas, como descrito abaixo. "" [18]

Perspectiva da informação

"Destaca a gestão do conhecimento como um ciclo de administração e tratamento da informação, de modo a poder ser recriada dentro da organização, através de mecanismos de assimilação e captura para apresentar soluções práticas e gerar novos conhecimentos. "" [18]

"Pavez (2001:21) afirma que a gestão do conhecimento "encarna o processo organizacional que procura a combinação sinérgica de processamento de dados e informação, através das capacidades das tecnologias de informação e da criatividade e inovação humanas. "" [18]

"Com base nestas avaliações, estabelece-se que a informação relacionada com a tecnologia da informação está intimamente ligada à gestão do conhecimento, o que faz desta um mecanismo para o desenvolvimento de inovações tecnológicas. Isto é demonstrado na filosofia ocidental, que concentra a sua informação na estrutura, enquanto as organizações orientais estão inclinadas para a concepção do conhecimento evidenciado nas pessoas; ou seja, é representado na acção humana. "" [18]

Perspectiva do processo

"Nesta corrente são autores como Quintas (Zorrilla, 1997: 2), que a define como o processo de gestão contínua de conhecimentos de todos os tipos para satisfazer necessidades presentes e futuras, para identificar e explorar recursos de conhecimento a fim de atingir objectivos organizacionais. Também Macintosh (Zorrilla, 1997: 2) e Clemmons (2002: 9) concebem-no como um processo sistemático da organização para alcançar o sucesso através da criação, captura e partilha de conhecimentos. Da mesma forma, Garcia (2002: 2) apresenta uma definição cíclica expressa como um processo de gestão explícita de activos não materiais e existe para que a empresa possa gerar, procurar, armazenar e transferir conhecimentos e assim conseguir aumentar a produtividade e a competitividade. Em apoio do acima exposto, autores como Shanhong (2002:2) e Rodriguez (2001:13-30) apoiam o conceito de gestão do conhecimento, com base no ciclo de planeamento, organização, coordenação e controlo das várias actividades que conduzem à criação e disseminação do conhecimento de forma eficiente na empresa ou em qualquer outro tipo de organização. "" [18]

"Pode concluir-se que a gestão do conhecimento segue um ciclo lógico que, em termos gerais, começa com a identificação, criação, captura, partilha, armazenamento e transferência de conhecimento, seja tácito ou explícito. Isto gera competitividade e eficiência nas organizações, ou seja, os objectivos corporativos são alcançados. "" [18]

Perspectiva humanista

"Baseia-se no capital intelectual (CI) como elemento diferenciador dentro de um processo de gestão de fluxos de conhecimento, gerados nas organizações e relacionados com sistemas de valor. Este ponto encarna a direcção do esforço humano da organização, o que favorece o avanço entre fases do ciclo do conhecimento. Autores como Sbeiby (1997) e Serradell e outros (2000:5), afirmam que a gestão do capital intelectual de uma organização tem o objectivo de acrescentar valor aos produtos e serviços oferecidos pela organização no mercado e de os diferenciar de forma competitiva. Garrido (2002), Grau (2001:3) e Saint-Onge (Pavez, 2001:1-31) reforçam o conceito, com base na capacidade de desenvolver, manter, influenciar e renovar bens intangíveis, também chamados capital intelectual. Além disso, a Arbonies (Arbonies 2006: 4-15) considera a gestão do conhecimento como um conjunto de disciplinas de gestão que trata o capital intelectual como um activo da empresa; por conseguinte, requer ferramentas e mecanismos tecnológicos que permitam ultrapassar as barreiras que impedem a partilha de conhecimentos para atingir objectivos empresariais específicos. "" [18]

"Uma revisão dos elementos comuns das definições de criação, captura, utilização, disseminação, diferenciação e influência do conhecimento, leva à consideração neste trabalho de gestão do conhecimento como: o processo de criação, captura, distribuição, partilha, assimilação, exploração, utilização e renovação do conhecimento como um elemento gerador de valor acrescentado nas organizações para as tornar mais competitivas, utilizando o capital humano. O acima exposto tornou possível estabelecer uma definição de gestão do conhecimento que se enquadra no processo de investigação universitária. "" [18]

"TORRES, Karla (2015) afirma: O conhecimento e a informação são agora considerados recursos vitais para as organizações, pelo que algumas delas perceberam que a criação, transferência e gestão do conhecimento são essenciais para o sucesso. "" [19]

Introdução

"A gestão da informação é decisiva tanto para a excelência e competitividade nas empresas como para a qualidade da tomada de decisões nas organizações para o desenvolvimento social e cultural das pessoas; esta gestão tornou-se cada vez mais complexa devido à explosão da oferta e procura de informação e ao desenvolvimento das tecnologias de informação e comunicação no campo da telemática durante o século XXI; é por isso que deve haver mudanças nas organizações para que o conhecimento seja envolvido em cada um dos seus membros. "" [19]

Gestão do Conhecimento

"É um processo que apoia as organizações na procura de informação relevante, seleccionando, organizando e comunicando-a a todo o pessoal activo; este ciclo é necessário para acções como a resolução de problemas, a energização da aprendizagem e a tomada de decisões. A gestão do conhecimento pode melhorar o desempenho da organização rumo a uma organização inteligente, mas não é suficiente por si só; uma vez que envolve estratégias de planeamento e estabelecimento de políticas e também a colaboração de todo o pessoal da organização um elevado sentido de compromisso para executar o seu trabalho e a aceitação do processo.

Bueno (1999) define-o como a função que planeia, coordena e controla os fluxos de conhecimento que ocorrem na empresa em relação às suas actividades e ao seu ambiente, a fim de criar competências essenciais. Segundo Reaich, Gemino e Sauer (2012), a gestão do conhecimento deve fomentar um ambiente social e tecnológico que favoreça as actividades relacionadas com o conhecimento, a fim de promover a criação, armazenamento e disseminação do conhecimento. Para Figuerola (2013) é a prática de organizar, armazenar e partilhar informação vital, para que todos possam beneficiar da sua utilização. Ou seja, é visto como um conjunto de técnicas e ferramentas envolvidas no processo de armazenamento, distribuição, partilha e comunicação de dados e informações, com o objectivo de melhorar as comunicações e conhecimentos entre os funcionários de uma organização, permitindo a aprendizagem contínua, através de experiências passadas ou lições aprendidas, que foram previamente capturadas e armazenadas. "" [19]

"Por conseguinte, uma organização baseada no conhecimento implica uma busca geral de abordagens tradicionais de gestão, mas com uma nova abordagem empresarial que consegue combinar sistemas de informação com capacidades de recursos humanos (participação, compromisso, motivação e responsabilidade dos trabalhadores) para atingir objectivos organizacionais. "" [19]

"ESCOBAR, Ruth (2013) diz-nos: a integração de ferramentas de e-learning na gestão do conhecimento facilita os processos de captura, organização, armazenamento e transferência de informação, para posterior acesso e gestão da mesma. "" [49]

Gestão do Conhecimento

"Para compreender a questão da gestão do conhecimento, é apresentada a seguinte definição: A gestão do conhecimento enfatiza a facilitação e gestão de actividades relacionadas com o conhecimento, tais como a criação, captura, transformação e utilização. A sua função é planear, implementar, operar e gerir todas as actividades e programas relacionados com o conhecimento necessários para a gestão eficaz do capital intelectual. [49]

As citações [7, 33, 23] "apoiam as diferentes fases em que se compõe o processo de gestão do conhecimento. Estes começam com a localização do conhecimento interno e externo disponível; depois, o conhecimento explícito que será armazenado e disponibilizado àqueles que dele necessitam é identificado entre as fontes de conhecimento e o conhecimento tácito é representado num mapa de localização para identificar as pessoas que o possuem; mais tarde, na fase de criação do conhecimento, o conhecimento explícito é extraído para ser combinado e gerar novos conhecimentos; finalmente, a fase mais importante de todo o ciclo consiste em assimilar e utilizar o conhecimento criado e armazenado. "

DEL SAZ, Miguel Angel (2000) afirma: "A gestão do conhecimento representa uma nova tendência na forma como uma empresa ou organização opera e gere. A sua implementação tem factores favoráveis (prós) à sua realização e também outros desfavoráveis (contras), tanto humanos como organizacionais. A gestão do conhecimento (KM) é uma nova metodologia, esquema organizacional e processo operacional que se destina a ser aplicada ao mundo empresarial ou a qualquer tipo de entidade social (entidade estatal, sociedade sem fins lucrativos, etc.). Nele, o conhecimento é visto como um recurso crítico que deve ser gerido eficazmente para contribuir para uma maior rentabilidade social e/ou económica da empresa e outros objectivos vitais para a sua sobrevivência: satisfação do cliente, crescimento ou expansão no mercado, melhor apresentação e qualidade dos produtos e serviços, optimização do desempenho e satisfação do pessoal interno. "" [21]

Gestão do conhecimento

"Através da gestão do conhecimento, o objectivo é identificar, organizar e explorar racionalmente o conhecimento explícito (aquele que é registado, ou susceptível de ser registado, pela organização) e transformar a maior quantidade possível de conhecimento tácito (aquele que é possuído por indivíduos na empresa) em conhecimento explícito. Implica uma forte mudança no esquema tradicional de negócios e deve ser levada a cabo de forma gradual, racional e evitando desequilíbrios. Estas terão origem como consequência do impulso de forças inovadoras, favoráveis à mudança, e da resistência ou oposição dos imobilistas, de acordo com o princípio de acção e reacção da física, e dando origem a atitudes de tipo dinâmico e de imobilismo estático, tanto a nível individual como colectivo. Tanto a mudança muito rápida (crescimento forte com desordem) como a inércia (movimento de reflexo lento sem crescimento real) devem ser evitadas. "" [21]

"Como referido, a sua implementação deve ser feita gradualmente, tornando o pessoal consciente de que inicialmente será parcial, e depois em fases de baixa intensidade e controlada, escolhendo experiências-piloto em certas áreas da organização. Uma transformação repentina e intensa será evitada, porque pode produzir um efeito surpresa e provocar reacções negativas que, finalmente, podem levar a que o projecto não seja bem sucedido. "" [21]

"A GQ envolve a utilização eficaz do conhecimento, de uma forma contínua e infinita, ou seja, com uma evolução constante, e tem 4 objectivos (**Davenport**):" [21]

1.   "Criar repositórios de conhecimento, dos quais existem três tipos: conhecimento externo (por exemplo, inteligência competitiva), conhecimento interno (relatórios) e conhecimento interno informal ou tácito (capturando truques, experiências, intuições, etc., num meio informático). "" [21]

2.   "Optimizar o acesso ao conhecimento. Encontrar a pessoa com os conhecimentos de que necessita e transferi-los com êxito para outra é um processo difícil (gestão de rede e de base de dados de peritos). Por vezes, pode ser conveniente facilitar simplesmente a troca de conhecimentos tácitos em vez de fazer um depósito, utilizando ferramentas de comunicação como a videoconferência, as redes de comunicação...". [21]

3.   "Melhorar o ambiente do conhecimento. Tornar a sua criação, transferência e partilha mais eficazes; mudar o comportamento sobre o mesmo e criar uma receptividade cultural a este tipo de funcionamento. "" [21]

4.   "Gerir como um bem. Algumas empresas estão concentradas na gestão de activos específicos de conhecimento intensivo para aumentar os seus lucros ou rendimentos (por exemplo, gestão das suas próprias patentes, licenciamento de patentes com fins lucrativos). É melhor gerir os activos do que medi-los, porque a medição requer alterações contabilísticas. "" [21]

"O tipo mais comum de sucesso de GQ envolve melhorias operacionais limitadas a um determinado processo ou função. Os projectos típicos têm tido como objectivo melhorar novos produtos, apoiar clientes, conduzir missões de educação e formação, estudar desenvolvimentos de software, e gerir patentes de forma mais eficaz **(Davenport). ""** [21]

2.3.3 Capital intelectual

CARABALLO, Yeter (2009) comenta: "Seguindo a linha de Salazar del Castillo (2004), fica-se a conhecer a importância de realizar uma quantificação, pelo menos aproximada, do conhecimento gerado nas empresas ou no capital intelectual. Este termo surgiu no início dos anos 90 nos Estados Unidos e na Suécia, e mede o valor do conhecimento da empresa nas suas diferentes áreas: pessoas (inteligência humana), organização (o know-how[1] da empresa, patentes e marcas) e o mercado (satisfação do cliente). No entanto, medir o capital intelectual é interessante, especialmente se incorporar um compromisso para o fazer crescer, daí a associação imediata de outro termo contemporâneo, a gestão do conhecimento. Nonaka e Takeuchi (1995) propõem-se fazê-lo através de quatro modos de conversão de conhecimento: socialização, externalização, combinação e internalização. "" [22]

"A combinação dos quatro modos de conversão do conhecimento propostos por Nonaka e Takeuchi (1995), juntamente com o cenário onde o conhecimento se move na organização (Bosch 2002), são factores que, na nossa opinião, desempenham um papel fundamental na identificação, criação e transferência do conhecimento. "" [22]

"Nos anos 90, é neste cenário que surge o conceito de gestão do conhecimento, entendido como o processo de captação da perícia colectiva de uma organização, (empresa ou instituição), e a sua disponibilidade para melhorar a transferência e circulação, e ao mesmo tempo permitir a inovação. O seu objectivo é tirar partido do trabalho intelectual acumulado, embora tenha sido feito para outros desenvolvimentos (Bosch 2002). Em relação às pessoas - os proprietários do

---

[1] Um conjunto de competências técnicas e administrativas essenciais para levar a cabo um processo comercial e que não estão protegidas por uma patente.

conhecimento tácito - da organização, D' Alos-Moner (2003) afirma que a gestão de uma instituição hoje em dia envolve, em grande medida, a gestão destes "trabalhadores do conhecimento". Para tal, é necessário saber, as seguintes questões:

Como se acede ao conhecimento tácito que os empregados têm?
Como motivar, encorajar o compromisso e a identificação com os valores da organização?
Como conseguir que os peritos, os profissionais (que são frequentemente considerados os mais resistentes às mudanças) se envolvam e aceitem as mudanças?
Como se gere o tempo dos peritos, uma vez que gerir o conhecimento envolve sempre uma dedicação que por vezes é difícil de gerir?
Como se muda a cultura com base no 'conhecimento é poder'? [22]

"Assim, Nonaka e Takeuchi (1995) propõem que a criação de novos conhecimentos depende da visão pessoal, percepção, intuição e que, para isso, o empenho das pessoas que trabalham na organização é fundamental. Falam também do papel vital das equipas na criação do conhecimento e do papel da gestão, que tem a tarefa de promover a aquisição, produção, utilização e transferência do conhecimento. ""
[22]

"A gestão do conhecimento aparece como uma arma para minimizar a perda de capital intelectual que pode ocorrer quando as pessoas saem. Em relação a isto, propõe-se criar uma cultura dentro da organização, para que cada membro armazene o que aprendeu em cada processo de trabalho, e seja capaz de o transmitir. Ou seja, fazer da captura de conhecimento um passo nos processos-chave da gestão do conhecimento (Bosch 2002). "" [22]

"Quanto ao que se entende por gestão do conhecimento, Esteban e Navarro (2003) propõem que a gestão do conhecimento é, portanto, a disciplina que trata da investigação, desenvolvimento, aplicação e inovação dos procedimentos e instrumentos necessários para a criação de conhecimento nas organizações, a fim de aumentar o seu valor e vantagem competitiva. O objecto da sua prática é a construção de um sistema de produção de conhecimento útil numa organização para a tomada de decisões e a resolução dos seus processos empresariais estratégicos, ligado aos seus objectivos e valores corporativos e ao seu plano estratégico através da concepção, implementação, manutenção e avaliação de um programa de identificação, conservação, organização, integração, análise, valorização, protecção, partilha e utilização eficaz dos recursos de informação que possui e do capital intelectual dos seus membros, com o apoio das tecnologias de informação e comunicação (TIC). "" [22]

"Como se pode ver, esta é uma definição que abrange tudo desde a criação do conhecimento até à sua transferência para o bem da empresa, e está assim associada aos processos de business intelligence, e à necessidade de apoio das TIC. "" [22]

"Ortiz de Urbina (2003) oferece uma definição que relaciona a gestão do conhecimento com o capital intelectual, entendido como os recursos intangíveis da organização. A gestão do conhecimento será entendida como o conjunto de processos que utilizam o conhecimento para a identificação e exploração dos recursos intangíveis existentes na empresa, bem como para a geração de novos recursos. É dada pela união de actividades e iniciativas específicas que são levadas a cabo para aumentar o volume de conhecimentos empresariais. "" [22]

"Este mesmo autor afirma que, desta forma, a gestão do conhecimento constitui uma variável de fluxo através da qual uma certa quantidade de capital intelectual é transformada noutra. O resultado é uma nova dimensão do capital intelectual. A figura 1 tenta representar estas relações mostrando como o capital intelectual é tanto o input como o output da gestão do conhecimento, uma vez que esta parte de um certo nível de conhecimento, através da sua melhor utilização, consegue atingir um novo e mais elevado nível de conhecimento. "" [22]

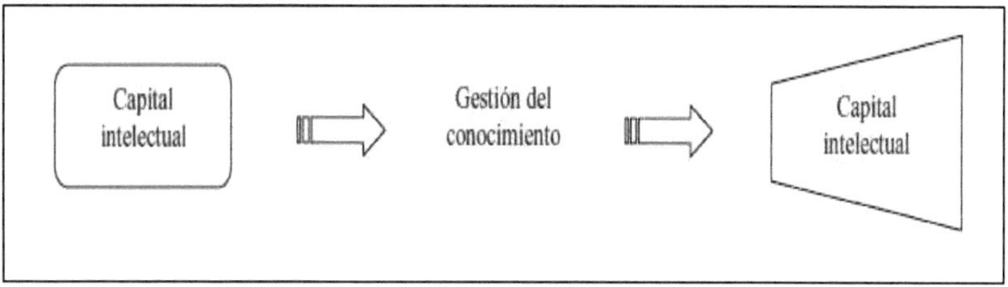

Figura 1

Capital intelectual e gestão do conhecimento (Ortiz de Urbina 2003) Fonte. A partir de [22].

De acordo com Fernández (2000), "as organizações que desenvolvem a gestão do conhecimento têm as seguintes características em comum:

-      Capacidade de união, de gerar um forte sentido de identidade.

-      Sensibilidade ao ambiente a fim de aprender e adaptar-se

-      Tolerância de pensamento e experiência não convencionais.

-      Precaução financeira, para reter os recursos que asseguram a flexibilidade essencial no ambiente actual. "

"No que diz respeito aos objectivos que podem ser alcançados com a gestão do conhecimento, Pavez (2000) cita o seguinte:

-      Formular uma estratégia de alcance organizacional para o desenvolvimento, aquisição e aplicação de conhecimentos

-      Implementar estratégias orientadas para o conhecimento.

-      Promover a melhoria contínua dos processos empresariais com ênfase na geração e utilização do conhecimento.

-      Acompanhar e avaliar as realizações obtidas com a aplicação dos conhecimentos.

-       Reduzir os tempos de ciclo no desenvolvimento de novos produtos, melhorias aos já existentes, e no desenvolvimento de soluções para os problemas.

-       Reduzir os custos associados a erros repetidos.

Do acima exposto, deduz-se que a gestão do conhecimento é a base para levar a cabo os outros processos organizacionais -dizer que a gestão do capital intelectual e a aquisição de aprendizagem organizacional -, uma vez que esta é uma parte concreta da organização, os outros processos serão conhecidos por todos os membros e evidentemente a instituição será capaz de aprender mais, através de um processo de melhoria contínua. Os benefícios obtidos com a gestão do conhecimento levam à melhoria dos serviços e produtos da instituição, na medida em que estes são o resultado do conhecimento existente, tanto a nível do ambiente como a nível organizacional interno. "

"Dentro de uma organização ou empresa, o capital intelectual é o conhecimento intelectual dessa organização, a informação intangível (que não é visível, e portanto não recolhida em qualquer lugar) que possui e pode produzir valor. "[Wikipedia]

"O quadro 2 explica as diferenças entre o conhecimento tácito e explícito. É importante notar que novos conhecimentos são gerados na interacção dinâmica e combinação destes dois tipos (Nonaka e Takeuchi, 1995). "" [7]

Quadro 2

Título: diferenças entre o conhecimento tácito e explícito

	Tácito (subjetivo)	Explícito (objetivo)
Conocimiento	Se orienta a la acción y es personal, lo que hace difícil su formalización y comunicación.	Este puede ser formulado, resumido y transmitido en el espacio independientemente del conocimiento de las disciplinas.
Trasmisión del conocimiento	Requiere interacción estrecha entre los individuos y a través de elsta llegan a un entendimiento común y confianza entre ellos.	Verbal o escrita.
Adquisición y acumulación del conocimiento	Solamente a través de la experiencia práctica (aprender haciendo).	Se puede generar mediante deducción lógica y se adquiere por medio del estudio formal.

Fuente: Elaboración propia a partir de Nonaka y Takeuchi (1995).

Fonte. Extraído de [7]

Fundamentos do modelo de gestão do conhecimento pedagógico na universidade

"A gestão do conhecimento tem sido tradicionalmente aplicada como uma teoria ou ferramenta às organizações empresariais, dando origem a modelos reconhecidos como Nonaka e Takeuchi em 1995, Anderson em 1998, entre muitos outros. Instituições educacionais e universidades como parte destas, nos últimos anos lançaram iniciativas para a gestão do conhecimento que é gerado a partir dos processos que nelas ocorrem. "" [20]

"A gestão do conhecimento estabelece quatro fases no seu ciclo de geração: captura, contextualização, socialização e aplicação/geração. Através do desenvolvimento deste ciclo, que ocorre em cada uma das fontes acima mencionadas, o conhecimento pedagógico é constantemente convertido de tácito para explícito e vice-versa, este processo leva a um processo de aprendizagem individual e organizacional. "" [20]

Introdução

"O conhecimento pedagógico é um recurso complexo de natureza tácita que se expressa no conjunto organizado de dados, informação, experiência e know-how que é gerado no campo pedagógico. É um recurso estrategicamente relevante no Ensino Superior, uma vez que tem um impacto directo nos processos de formação através de transformações e tomada de decisões na formação de profissionais e na melhoria pedagógica dos professores. Ao contrário do que acontece com a informação, o conhecimento pedagógico é intrínseco ao professor, e a sua captação, socialização, contextualização e geração ocorrem como parte da interacção entre os diferentes sujeitos envolvidos no processo. Além disso, gera sinergias e não é descurada ao longo do tempo, mas sim consolidada, constituindo assim a memória pedagógica organizacional. "" [17]

Desenvolvimento

"O processo de Formação de Profissionais Universitários exige dos professores uma preparação que vai além do conhecimento da matéria que ensinam, ou seja, o tratamento de elementos pedagógicos que permitem o desenvolvimento de competências nos estudantes e a melhoria contínua do Ensino Superior, o acima exposto materializa-se no processo de gestão do conhecimento pedagógico na universidade. "" [20]

Gestão do conhecimento na educação

"Nos últimos anos, a gestão do conhecimento ganhou força na área da educação; as instituições educativas começaram a articulá-la no processo de ensino e aprendizagem. A filosofia do ensino e da aprendizagem não é sobre como o conhecimento é transferido dos professores para os alunos, mas sobre como os alunos podem conceber e criar novos conhecimentos a partir do conhecimento que foi moldado através de livros, artigos, revistas, meios electrónicos, etc. "" [20]

"A gestão do conhecimento [38] na educação procura a integração de todos os recursos humanos, processos académicos e avanços tecnológicos envolvidos na concepção, captação e execução da infra-estrutura intelectual de uma instituição de ensino. A abordagem baseia-se no desenvolvimento e gestão académica para a aprendizagem, mantendo simultaneamente um equilíbrio entre as várias entidades num ambiente académico. "'" [20]

Modelos de gestão do conhecimento na educação

"Diferentes autores têm abordado a questão dos modelos de gestão do conhecimento na educação [41]. A partir deles, podemos destacar a abordagem. Este autor propõe um modelo de gestão do conhecimento na educação que é composto por oito módulos que interagem e se alimentam do módulo central. Este módulo central denominado gestão do conhecimento utiliza competências humanas, experiências, conhecimentos, habilidades, talentos, pensamentos, ideias, compromissos, inovações, práticas, e integra-os com a informação e recursos que a organização utiliza para alcançar os seus objectivos estratégicos. Os outros módulos permitem a aquisição de conhecimento, avaliação, utilização do conhecimento, disseminação do conhecimento, armazenamento, aprendizagem, liderança utilizando tecnologias de informação, reforçando os processos de aprendizagem na organização educacional, incutir nas pessoas a capacidade de criar e fornecer o clima organizacional, de modo a que a aquisição de conhecimento seja eficiente. No entanto, este modelo não define claramente as características das TIC utilizadas, o que não permite identificar o uso de ferramentas de e-learning na implementação. Além disso, não é claro no modelo se este é dirigido ao ensino superior, face a face e modalidade autónoma. "'" [20]

"A procura de modelos educativos [10] na era pós-moderna é de novas formas de ensino e aprendizagem, em contextos de aprendizagem mista [cara a cara + virtual]. O desenvolvimento de plataformas educativas, como parte de tais contextos, requer a consideração de modelos epistemológicos e tecnológicos de concepção, que permitam ambientes de trabalho pedagógicos eficazes. Os cenários de aprendizagem virtual podem ser formados como comunidades inteligentes, capazes de pensar em si próprias e de gerir os seus conhecimentos, complementando o ensino presencial com o ensino virtual. A integração curricular das tecnologias de informação e comunicação precisa de ser associada a noções de gestão do conhecimento, a fim de acrescentar valor epistemológico à utilização de tecnologias para a aprendizagem. Também, para considerar e resolver a complexidade da concepção destes ambientes, é necessário aplicar uma metodologia de desenvolvimento que seja incremental, interdisciplinar e escalável, assegurando que os aspectos comunicacionais, pedagógicos, didácticos, tecnológicos e de gestão tenham sido devidamente considerados e resolvidos de forma equilibrada. "" [20]

2.3.4 Modelos de Gestão do Conhecimento

a.   Processo de Criação de Conhecimento (Nonaka, Takeuchi, 1995)

"Podemos explicar o conceito de conhecimento como o processo de absorção, adopção e interiorização da informação em cada um de nós: trata-se de aprender e apreender informação. "" [23]

"Deste ponto de vista, o conhecimento tem duas qualidades visíveis: é algo que pode **ser armazenado,** tanto física como psicologicamente - internalizando-o - e é algo que **flui, no** sentido em que pode ser comunicado e transmitido entre pessoas através de diferentes meios ou meios de comunicação, por exemplo, através do diálogo e da escrita. Talvez seja precisamente este duplo aspecto de algo estático/dinâmico que torna o seu tratamento e gestão complicados.

-       O conhecimento **tácito** é aquele que não é fisicamente palpável, mas que é interno e propriedade de cada pessoa individualmente.

-       O conhecimento **explícito** é aquele que pode ser expresso ou representado por meio de símbolos fisicamente armazenáveis e transmissíveis. "" [23]

"O mecanismo dinâmico e constante da relação entre o conhecimento tácito e o conhecimento explícito é a base do modelo (ver figura 2):

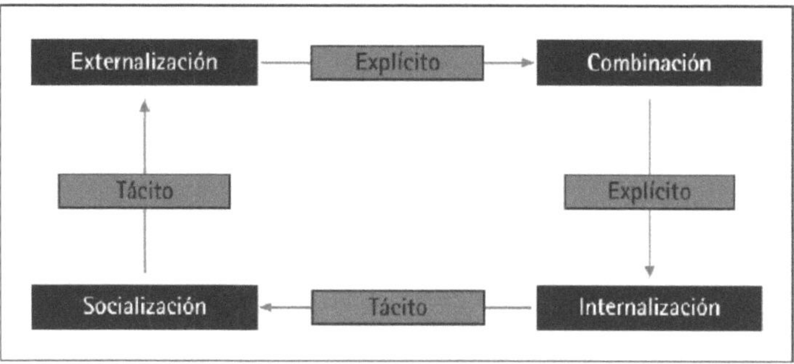

Figura 2

Título: Processos de Conversão de Conhecimento na Organização (Nonaka e Takeuchi, 1995) Fonte. Extraído de [23]

- **A socialização** é o processo pelo qual os indivíduos aprendem a funcionar no seu ambiente social, adquirindo conhecimentos tácitos através dos canais comuns de relacionamento e comunicação com pessoas e meios de comunicação social, tais como conversas, consulta de documentação, etc. é um dos aspectos mais importantes que as empresas se preocupam hoje em dia: a gestão da comunicação orientada para a transmissão de informação com o objectivo de adquirir conhecimentos sobre algo que a própria organização não tem, mas através dos seus membros ou empregados. ''" [23]

- **"A externalização** é o processo de saber como transmitir e conceptualizar o conhecimento tácito que as pessoas possuem internamente. Utiliza elementos que são tangíveis e compreensíveis para várias pessoas: aqueles que querem ensinar e aqueles que querem aprender. É uma das questões mais importantes e talvez a básica para a sobrevivência das empresas: a transmissão de conhecimentos entre um funcionário que sabe e outro que não sabe e deseja aprender. Uma forma óptima para que este fluxo de conhecimentos seja alcançado é através de trabalho de grupo. Através dele, da sinergia de conhecimentos tácitos existentes no grupo nascerá um conhecimento fisicamente formalizável. "" [23]

- "A **combinação** é a formalização explícita do conhecimento a partir de várias fontes de informação. O fruto deve também ser informação explícita e armazenável. O objectivo é obter uma reformulação de novos conhecimentos explícitos obtidos a partir de outros conhecimentos explícitos que já existem. "" [23]

- "Finalmente, a **interiorização** é um processo de aquisição de conhecimento explícito que nos pode chegar de diferentes suportes ou meios, de modo a tornar-se algo que é nosso, nosso e interno a cada um de nós. A pessoa está então consciente do que tem de aprender e dirige os seus esforços para o apreender. "" [23]

"O conhecimento, então, é criado numa organização através de um processo contínuo de conversão dos dois tipos básicos de conhecimento nas sucessivas fases de socialização, externalização, combinação e internalização. Cada vez que se contorna os quatro quadrantes do gráfico anterior, são gerados novos conhecimentos. Em cada quadrante os problemas de conversão são diferentes e podem ser mais ou menos complexos, dependendo da empresa ou organização a ser tratada. Qualquer empresa interessada na gestão e criação de conhecimento deve, de alguma forma, fomentar um clima que favoreça o dinamismo representado no gráfico. "" [23]

b.   *"Arthur Andersen Model (Arthur Andersen, 1999)"*

"Este modelo baseia-se na ideia de **favorecer a transmissão de informação que é valiosa** para a organização. Este movimento de informação irá dos **indivíduos para a organização, e a partir daí irá viajar de** novo para os **indivíduos.** O objectivo subjacente é criar valor que os clientes possam ver e reconhecer, de modo a que os clientes apostem mais na empresa em questão. ""' [23]

"As novidades do modelo dizem respeito a dois aspectos:"
"Por um lado, a nível individual, porque existe uma responsabilidade pessoal de partilhar e tornar explícito o conhecimento que se possui, uma obrigação ética para com o resto dos colegas da organização; e por outro lado, a nível organizacional, porque a gestão da empresa deve apostar e liderar um clima que promova esse nível individual mencionado". 23] (Ver figura 3).

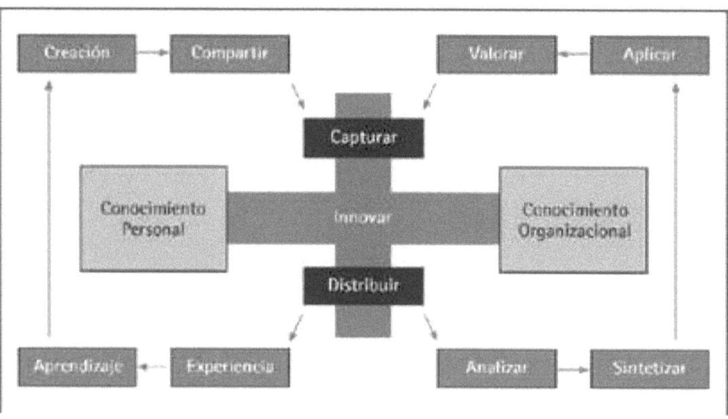

Figura 3

Título: "Modelo de Gestão do Conhecimento Arthur Andersen (1999).
Fonte. "Arthur Andersen (1999). "
Fonte. Extraído de [23]

"Para favorecer este fluxo de informação, são estabelecidos dois mecanismos: **redes de partilha de conhecimento,** que são lugares físicos ou virtuais onde os profissionais podem partilhar as suas experiências, permitindo a comunicação, a aprendizagem e, em última análise, a transferência de conhecimento entre as pessoas; e conhecimento **empacotado** ou encapsulado, através de um sistema interno chamado <u>Espaço de Conhecimento Arthur Andersen,</u> que possui documentação diversa (metodologias, experiências, exemplos,...) e está disponível para os membros da empresa. ''" [23]

c.	*"Ferramenta de Avaliação da Gestão do Conhecimento (KMAT)" [23]*

"O KMAT, Ferramenta de Avaliação da Gestão do Conhecimento, baseia-se no Modelo de **Gestão do Conhecimento Organizacional** desenvolvido conjuntamente por Arthur Andersen e APQC" [23] (ver figura 4):

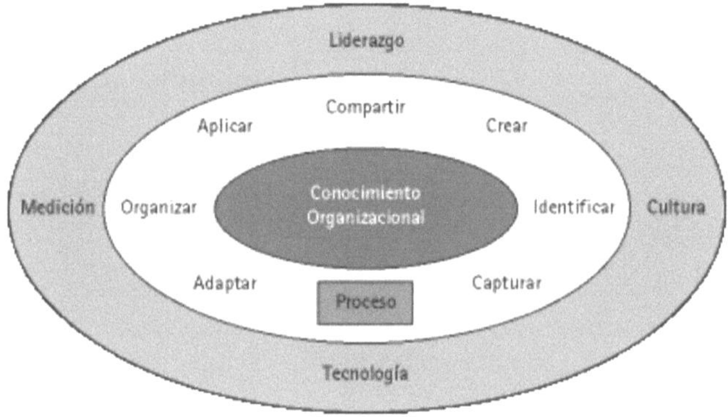

Figura 4

Modelo da Ferramenta de Avaliação da Gestão do Conhecimento (KMAT). Fonte: Arthur Andersen (1999). Fonte: Arthur Andersen (1999). Extraído de [23]

Relacionados com este modelo estão uma série de conceitos: **liderança,** que se refere à forma como a empresa lidera o seu negócio ou campo de acção; **cultura,** como o clima que a organização tem para as áreas do ensino e da nova aprendizagem; **tecnologia, que** toma nota dos meios de comunicação que a empresa proporciona aos seus empregados; **medição, que** mede o capital intelectual e a relação de recursos orientada para o seu crescimento; e **processos,** que está relacionada com a mecânica interna de localização, transmissão e aquisição de conhecimentos. ""' [23]

d.   *"Modelo de agrupamento de conhecimento (País Basco)" [23]*

"Este ponto de encontro de conhecimento e experiência é composto por Universidades, Escolas de Negócios, uma multidão de Empresas e outros organismos. A sua razão de ser baseia-se na melhoria da competitividade empresarial, e é constituída por diferentes clusters: Gestão Empresarial, Indústrias Ambientais, Telecomunicações...". [23]

"Vemos que o Cluster of Knowledge in Business Management nasceu para detectar e dar notoriedade e aplicação a esse conhecimento na gestão empresarial que é o mais adequado para melhorar a competitividade entre empresas e organizações. Como pontos principais desde a sua criação, o agrupamento facilitará a comunicação entre os vários elementos do mesmo, apoiará uma melhoria da qualidade, oferecerá formação e enfatizará a importância que as empresas têm para dar o desejo de adquirir conhecimentos. ""' [23]

"Para o conseguir, duas linhas de acção foram detalhadas: uma através das acções de dinamização, que são as definidas como prioritárias pelo Plano Estratégico criado a partir da gestão executiva do Cluster; e a outra, a partir das partes interessadas, que são focos ou pontos de encontro para os membros do Cluster do Conhecimento. Têm diferentes áreas de conhecimento, tais como Investigação e Modelação do Conhecimento em Gestão e Melhoria da Disseminação do Conhecimento em Gestão. ""' [23]

e.   *Modelo de Gestão do Conhecimento da KPMG Consulting (Tejedor e Aguirre, 1998)*

"Partindo do que são os factores condicionantes que intervêm na aprendizagem, bem como do próprio resultado e do fruto de qualquer aprendizagem que ocorra, esta empresa cria um modelo que explica dois dos factores mais importantes quando se fala de gestão do conhecimento:

os **factores condicionantes da aprendizagem,** e os **resultados esperados da aprendizagem**. "" [23]

"O gráfico seguinte ilustra com precisão os conceitos básicos estabelecidos por este modelo:

Figura 5

O Modelo de Gestão do Conhecimento da KPMG Fonte: Tejedor e Aguirre (1998). Fonte. Extraído de [23]

Os factores que intervêm activamente na aprendizagem numa organização são: a existência de um **compromisso** claro, claramente liderado pela direcção da empresa, que terá assimilado a necessidade de gestão do conhecimento para cumprir os objectivos da empresa; a existência de **climas que incentivem a aprendizagem,** uma vez que os membros da organização devem estar localizados num ambiente que favoreça a formação e a troca de experiências; e a existência de **infra-estruturas que** permitam à empresa funcionar de forma óptima em todos os seus aspectos: gestão, produção, recursos humanos,... [23]

"Como resultado deste conhecimento adquirido, podemos fazer uma lista de resultados que devem ser facilmente palpáveis: a evolução e flexibilidade da empresa, a melhoria da qualidade, bem como o desenvolvimento pessoal e profissional dos seus empregados, seriam alguns destes aspectos. "" [23]

2.3.5. Modelo de Criação de Conhecimento da SECI de Nonaka e Takeuchi

"SECI" significa Socialização, Externalização, Combinação e Interiorização. Cada uma destas quatro palavras representa processos, dos quais apenas alguns deles e de uma forma muito superficial estão presentes no desenvolvimento dos cursos de laboratório. O que é proposto é que todos estes processos sejam aplicados de uma forma consciente e sustentada. "" [14]

"Lopez G. (et. al[2]) define: Socialização (tácita a tácita): o conhecimento é transferido fundamentalmente pela experiência, de modo que, no processo de socialização, as experiências são partilhadas através da observação, imitação, prática ou através de discussões, para produzir modelos mentais ou competências técnicas. Porque envolve a aceitação das crenças, sentimentos e emoções dos outros, é muito difícil de conseguir sem contacto pessoal, cara a cara, e por isso mesmo requer que os indivíduos se empatizem uns com os outros (Rynes et al., 2001). "" [14]

"Externalização" (tacitamente declarada): está associada à criação de conceitos. "O modelo mental tácito é verbalizado em palavras e frases, e finalmente cristalizado

---

[2] "E outros"

em conceitos explícitos..." (Nonaka e Takeuchi, 1995). Nesta fase, as equipas reflectem colectivamente, utilizando diferentes métodos de raciocínio: indução, dedução e rapto, mas especialmente este último utilizando a linguagem figurativa das metáforas e analogiasii. Os autores atribuem a chave da criação de novos conhecimentos à externalização, pois é o processo em que os conceitos são explicitamente formados e os métodos que ela requer. "'" [14]

"Combinação (Explícita a Explícita): é um processo de sistematização de informação e conceitos, no qual a informação existente é reconfigurada e que começa com um ou vários conceitos justificados. Estes são expressos na intenção organizacional, na visão ou estratégia (Conhecimento Explícito), de chegar a um protótipo de produto ou serviço (Conhecimento Explícito), com a competência de diferentes especialistas na organização (Investigação e Desenvolvimento, mercado, controlo de qualidade, etc.), ou também de chegar a um novo modelo de um processo organizacional ou a uma nova estrutura (Conhecimento Explícito) onde intervêm equipas de todas as áreas organizacionais. "'" [14]

"Internalização (Explícita a tácita): a existência de conhecimento explícito não garante a sua assimilação e incorporação na estrutura mental e é aqui que o processo de internalização assume relevância, porque enquanto o conhecimento não for incorporado individualmente, não é possível continuar o processo de criação de conhecimento, porque, embora existam processos de grupo, são as próprias pessoas que produzem o novo conhecimento. "'" [14]

2.3.6 Ferramentas de Gestão do Conhecimento como Opções de Solução para o Problema do Aproveitamento do Conhecimento no Laboratório de Informática

"A literatura especializada em ciências da informação e outras ciências afins mostra a conformação de um campo teórico-conceptual referido aos instrumentos de cartografia do conhecimento. Duas tendências estão incluídas nestas: autores que utilizam e nomeiam a ferramenta para gerir o conhecimento, mapeamento do conceito (Ausubel *et al.* 1989 e Rovira 2006), e outros que lhe chamam mapeamento do conhecimento, incluindo-o nos processos específicos de auditoria do conhecimento (KA). Ambos são enquadrados a nível organizacional (D' Alós-Moner'2003, Núñez 2006, Anon 2008 e Piloto 2008). '"" [22]

"A sociedade actual - denominada Sociedade da Informação (Castell 2001), Sociedade da Informação e do Conhecimento (Bell 1973) ou Sociedade das Organizações (Drucker 1995) - é influenciada pelos processos e abordagens da gestão do conhecimento porque, segundo Boisot (1998), assemelha-se mais a uma prática do que a uma disciplina intelectual em si mesma. Assim, pode-se ver uma nova sociedade que combina, por um lado, a gestão, concebida como acção humana, voluntária e determinada em recursos para atingir um fim específico. Por outro lado, o conhecimento, como um acto humano intelectual que permite conhecer a natureza, características e qualidades de uma acção ou coisa (López 2006). '"" [22]

"Desde o final dos anos 80, Ausubel *et al.* (1989) têm vindo a criar mapas conceptuais, com o objectivo de compreender o nível de aprendizagem e associação de um grupo de estudantes. Até hoje tem sido demonstrada a importância destes nas práticas de gestão do conhecimento e a sua evolução mais concreta nos mapas de conhecimento, especificamente ligados à abordagem de auditoria do conhecimento (Piloto 2008). '"" [22]

"Ambos são instrumentos de gestão do conhecimento que foram aplicados em organizações de aprendizagem e foram obtidos resultados positivos (Rovira e Mesa 2006). Desta forma, os mapas conceptuais são os precursores do que é hoje conhecido como cartografia do conhecimento, onde os princípios e a teoria de

ambos os termos estão entrelaçados para enriquecer a gestão do conhecimento. ""
[22]

2.4 Formulação de Hipóteses

2.4.1 Hipótese Geral

A ausência de métodos e ferramentas de gestão do conhecimento para a produção de software num laboratório de informática da Faculdade de Sistemas e Engenharia Informática da Universidade de San Marcos influencia a sua baixa produção especializada e a sua qualidade.

2.4.2 Pressupostos específicos

• A ausência de um método de gestão do conhecimento num laboratório de informática torna difícil identificar a informação essencial sobre a qual basear as soluções de software para estudantes de uma forma direccionada e massiva.

• A falta de uma história de resultados e de uma base de dados documental torna difícil para os estudantes registar, guardar e reutilizar software e manter a ordem e disciplina no desenvolvimento de software de uma forma específica e massiva.

• A falta de apoio e aconselhamento de especialistas e peritos em desenvolvimento de software torna difícil aos estudantes dedicarem-se ao desenvolvimento de software a uma escala maciça.

2.4.3 Identificação de Variáveis

2.4.3.1. variável independente

Métodos e ferramentas de gestão do conhecimento.

2.4.3.2. variável dependente

Produção de software.

Quadro 3

Título: Operacionalização das variáveis de investigação

Variável	Dimensão	Indicador	Unidade de medida
Independente: Métodos e ferramentas de gestão do conhecimento	Histórico de resultados	Documentos de texto	Quantidade
		Módulos de software	Quantidade
	Base de dados documental	Documentos de texto	Quantidade
		Dados não estruturados do projecto	N° de projectos
			N° de módulos
	Directório de peritos	Lista de detentores de conhecimentos especializados	Número de peritos
			N° de áreas de conhecimento
			N° de problemas resolvidos
Dependente: produção de software		Nível de conhecimento	Sim
			Não

Fonte. Elaboração própria

Quadro 4

Título: Matriz de consistência

Problema geral	Objectivo geral	Hipótese geral	Variáveis	Técnica de recolha de dados
Qual é o efeito de produzir software sem aplicar um método ou ferramenta de gestão do conhecimento num laboratório de informática na Escola de Engenharia de Sistemas e Computadores da Universidade de San Marcos?	Determinar que métodos e ferramentas de gestão do conhecimento são aplicados para a produção de software num laboratório de informática na Escola de Engenharia de Sistemas e Computadores da Universidade de San Marcos.	A ausência de métodos e ferramentas de gestão do conhecimento num laboratório de informática na Escola de Engenharia de Sistemas e Computadores da Universidade de San Marcos tem um impacto na baixa produção de software.	**Variável independente**: métodos e ferramentas de gestão do conhecimento.	Foi utilizado um questionário e uma observação indirecta e os resultados foram registados numa lista simples durante as actividades. A gravação estava
Problemas específicos	**Objectivos específicos**	**Hipóteses específicas**		numa lista simples
1. Qual é a consequência de produzir software sem uma ferramenta de gestão do conhecimento para documentar o software	1. Determinar qual o método de gestão do conhecimento que os professores aplicam para produzir software num laboratório de informática na	1. A ausência de um método de gestão do conhecimento num laboratório de informática torna difícil identificar a	**Variável dependente**: produção de software.	devido a dificuldades de observação para poder realizá-la de uma forma total e completa.

criado para facilitar a sua reutilização? 2. Qual é a consequência de produzir software num laboratório de informática sem deixar um registo da funcionalidade e utilidade do software criado e que pode ser reutilizado? 3. Qual é a consequência de produzir software sem a assistência, aconselhamento e apoio de pessoas com mais experiência e conhecimentos no desenvolvimento de software e na necessidade, aplicabilidade e utilidade do mesmo?	Faculdade. 2. Determinar que ferramenta de gestão do conhecimento é aplicada num laboratório informático que permita deixar um registo e uma prova da existência, funcionalidade e utilidade do software criado. 3. Determinar que ferramenta de gestão do conhecimento é utilizada num laboratório informático que permite a comunicação com peritos em programação e com a experiência e capacidade necessárias para orientar na criação de software.	informação essencial sobre a qual basear as soluções de software para estudantes de uma forma direccionada e massiva. 2. A falta de uma história de resultados e de uma base de dados documental torna difícil para os estudantes registar, guardar e reutilizar software e manter a ordem e disciplina no desenvolvimento de software de uma forma específica e massiva. 3. A falta de apoio e aconselhamento de especialistas e peritos em desenvolvimento de software		

		torna difícil aos estudantes dedicarem-se ao desenvolvimento de software a uma escala maciça.		

Fonte. Elaboração própria

Capítulo 3: Metodologia

3.1. descrição da Investigação

Os elementos da metodologia utilizada na investigação são detalhados abaixo. Os elementos tais como a estrutura foram retirados do endereço de Internet: https://www.youtube.com/watch?v=6RwYCEZgoM4 que considero definir claramente e ordenadamente os passos seguidos.

Este estudo foi realizado com estudantes que fizeram cursos de laboratório desde o ciclo mais baixo até ao mais alto, onde pelo menos um curso de laboratório foi agendado onde o software foi produzido. O objectivo era descobrir a existência de métodos e ferramentas de gestão do conhecimento para a produção de software num laboratório de informática na Faculdade de Engenharia de Sistemas e Informática da Universidade de San Marcos.

3.2 Concepção da investigação

Como a variável independente observada não é manipulada e não há controlo sobre ela, trata-se de uma investigação não-experimental, transversal e explicativa.

3.3 Abordagem de Investigação

Este estudo é considerado como tendo uma abordagem quantitativa. 48] diz: "o importante não é conhecer toda a lista de desenhos possíveis, mas apelar ao raciocínio lógico e à experiência para determinar, antes de recolher os dados, que informação um determinado método fornecerá e que relevância e fiabilidade lhe pode ser atribuída. "

3.4 População

O estudo foi dirigido à população estudantil da Faculdade de Engenharia de Sistemas e Informática da Universidade de San Marcos.

3.5. tamanho da amostra

Tendo em conta que os cursos de laboratório são dados em três turnos e que o acesso a cada um destes laboratórios é quase impossível, foi decidido realizar um inquérito no momento em que se encontravam na sala de aula e com a respectiva autorização do professor, procedeu-se ao inquérito a um total de 314 alunos para o semestre de 2018-II; este trabalho foi complementado com um período de observação na forma como desenvolveram o seu trabalho no laboratório e na forma como interagiram com os recursos tecnológicos.

No nosso caso, a amostra é considerada uma amostra não probabilística devido a algumas circunstâncias que impedem o acesso a toda a população e à forma como cada actividade ou sessão de classe é realizada num laboratório.

3.6 Tipo de amostragem

O tipo de amostragem utilizada foi a amostragem aleatória simples.

3.7 Técnicas de Investigação

O questionário e a observação foram utilizados.

3.8 Instrumentos de recolha de dados

De acordo com a técnica utilizada, foi utilizado um questionário com perguntas fechadas e o objectivo era obter respostas das unidades de análise relativamente aos métodos e ferramentas de gestão do conhecimento utilizadas durante as aulas de laboratório para produzir software. Algumas das variáveis estudadas foram:

- Conhecimento implícito.
- Conhecimento explícito.
- Ferramentas de gestão do conhecimento.
- Recursos informáticos.

3.9 Técnicas de Análise de Dados

Uma vez concluída a recolha de dados, foram tomadas as seguintes medidas:

- Codificação e registo de dados.
- Utilização de software SPSS e Excel.
- Apresentação dos resultados em tabelas e figuras.

Capítulo 4: Resultados e discussão

4.1 Análise, Interpretação e Discussão dos Resultados

Entre os artigos académicos citados, há algum acordo sobre "Ferramentas TIC e Gestão do Conhecimento" [1], sobre "Estudantes Universitários, TICs e Aprendizagem" [2], sobre "Considerações sobre o Uso das Tecnologias de Informação na Educação Universitária" [6], sobre "Inovação Progressiva e Virtualização das Universidades Latino-Americanas rumo à Sociedade do Conhecimento" [16], sobre "Modelo para o Desenvolvimento da Gestão do Conhecimento em Centros de Investigação Universitários Públicos". Caso aplicável da Universidad Pedagógica y Tecnológica de Colombia (UPTC)" [18].

Estes artigos expressam em geral que se não houver métodos ou ferramentas de gestão do conhecimento para orientar a gestão e administração da informação e do conhecimento, pouco ou nada pode ser conseguido para optimizar e aumentar a produção de software de uma Universidade cuja existência essencial é precisamente a geração do conhecimento.

A diferença entre os artigos académicos citados com esta investigação é que nenhum deles se refere especificamente ao facto de que a aplicação explícita de métodos e ferramentas de gestão do conhecimento permitirá a produção em massa de software, tal como proposto neste estudo, mas não esqueçamos que o software produzido numa universidade também faz parte da sua produção intelectual.

4.1.1. análise descritiva dos dados

Os números seguintes mostram os resultados da estatística descritiva do inquérito realizado numa amostra de 314 estudantes de uma amostra aproximada de mais de 1400 estudantes de diferentes cursos, turnos, ciclos e sexos na Faculdade de Engenharia de Sistemas e Informática da Universidade de San Marcos do ciclo

2018-II; além disso, alguns outros são mencionados entre os principais indicadores, apenas como referência para complementar e tornar a análise mais compreensível. É também testada uma interpretação do resultado de cada indicador:

Indicador 1: Distribuição dos estudantes por turno em que fizeram um curso de laboratório.

Figura 6

Título: Distribuição dos estudantes com cursos de laboratório por turnos. Fonte. Elaboração própria

Interpretação:
O turno da tarde concentra o maior número de estudantes com um curso de laboratório.

Indicador 2: ano académico com a maior concentração de estudantes que frequentaram um curso de laboratório.

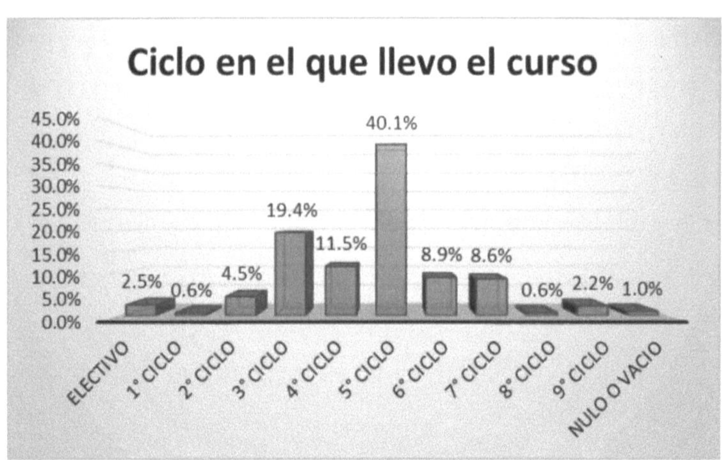

Figura 7

Título: Distribuição dos estudantes com cursos de laboratório por ciclo. Fonte. Elaboração própria

Interpretação:

O quinto ciclo concentra o maior número de estudantes que frequentaram um curso de laboratório.

Indicador 3: estudantes que dizem ter reconhecido e utilizado algumas ferramentas de gestão do conhecimento nas suas sessões num laboratório

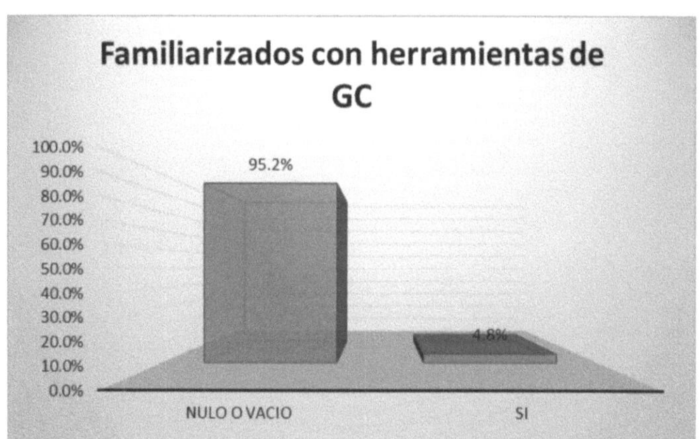

Figura 8

Título: % de estudantes familiarizados com os instrumentos de gestão do conhecimento.

Fonte. Elaboração própria

Interpretação:

4,8% dos estudantes reconheceram estar familiarizados com alguma ferramenta de gestão do conhecimento.

Indicador 4: Estudantes que relatam utilizando um histórico de resultados de laboratório

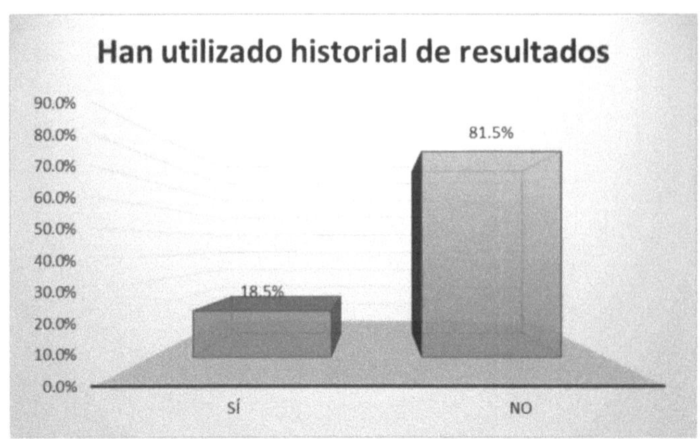

Figura 9

**Título: % de estudantes que utilizaram uma história de resultados. Fonte.
Elaboração própria**

Interpretação:

18,5% dos estudantes disseram ter utilizado um histórico de resultados num
laboratório de informática.

Indicador 5: Alunos que relatam utilizando uma base de dados documental num
laboratório.

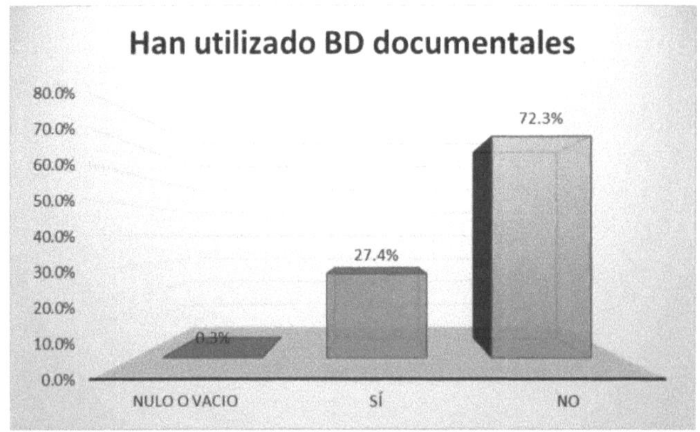

Figura 10

Título: % de estudantes que utilizaram documentários BD Fonte. Elaboração própria

Interpretação:

27,4% dos estudantes declaram utilizar uma base de dados documental num laboratório de informática.

Indicador 6: estudantes que relatam ter tido acesso a um directório de peritos nas suas sessões de laboratório.

Figura 11

Título: % de estudantes que utilizaram um directório de peritos. Fonte. Elaboração própria

Interpretação:

3,5% dos estudantes dizem ter utilizado uma "lista de peritos" num laboratório de informática.

Indicador 7: Estudantes que indicam que os novos conhecimentos resultantes da sua própria investigação, trabalho ou dedução foram armazenados num BD gerido pelo corpo docente que serviu novas gerações de estudantes e professores.

Figura 12

Título: % de estudantes cujos novos conhecimentos foram armazenados. Fonte. Elaboração própria

Interpretação:

22,9% dos estudantes afirmaram que os seus novos conhecimentos adquiridos através da sua própria investigação foram registados e armazenados numa base de dados para utilização posterior por qualquer utilizador.

4.1.2 Análise inferencial dos dados

4.1.2.1 Testes de hipotese

Assumindo que os indicadores principais acima referidos não foram utilizados no processo de criação de software, são analisados testes de hipóteses para demonstrar que existe uma deficiência na aplicação de métodos e ferramentas de gestão do conhecimento em actividades académicas num laboratório de informática e é necessário reconsiderá-los de modo a aumentar a produção de software.

4.1.2.2 Abordagem do cenário

"A seguir, a hipótese nula H0 e a hipótese alternativa [Ha]. A hipótese nula (H0) é uma hipótese que o investigador tenta refutar, rejeitar ou anular. Geralmente, <u>nulo</u> refere-se à opinião geral de algo, enquanto a hipótese alternativa ([Ha]) é o que o investigador realmente pensa ser a causa de um fenómeno. A conclusão de uma experiência refere-se sempre ao nulo, ou seja, rejeita ou aceita o (H0) em vez do ([Ha]). "" [50]

Hipótese nula: a média da amostra de estudantes que aplicam métodos e ferramentas de gestão do conhecimento para obterem software é igual à média da população.

$$H_0: \square = \mu$$

Hipótese alternativa: A média da amostra de estudantes que aplicam métodos e ferramentas de gestão do conhecimento para criar software é diferente da média da população.

$$Ha: \square \neq \mu$$

Escolher o nível de significância (α):

"A quantidade máxima de erro que estamos dispostos a aceitar a fim de validar a hipótese do investigador" é assim definida. "[50] Ver a seguinte tabela.

Quadro 5

Título: Níveis de Significado e Confiança

Nível de significância (α)	Nível de confiança
0.05	0.95

Fonte. Elaboração própria

"É considerada uma fiabilidade de 95%, com um nível de significância de 0,05, que é o nível de significância mais utilizado. "50] (ver quadro 6)

Quadro 6

Título: parâmetros para o cálculo do Z da amostra

μ	1
Média ( )	0.10
Desvio padrão (σ)	0.430
Amostra (n)	314
Nível de significância (α)	0.05

Fonte. Elaboração própria

Cálculo do Z da amostra:

$$Z = \frac{\bar{X} - \mu}{\frac{S}{\sqrt{n}}}$$

$$Z = 0.10 - 1/ (0.43/\sqrt{314})$$

$$Z = -37.09$$

Observa-se que Z cai na hipótese "zona de rejeição", portanto, a hipótese nula é rejeitada e a hipótese alternativa é aceite. O resultado é mostrado graficamente abaixo, bem como a sua interpretação (ver figura 13):

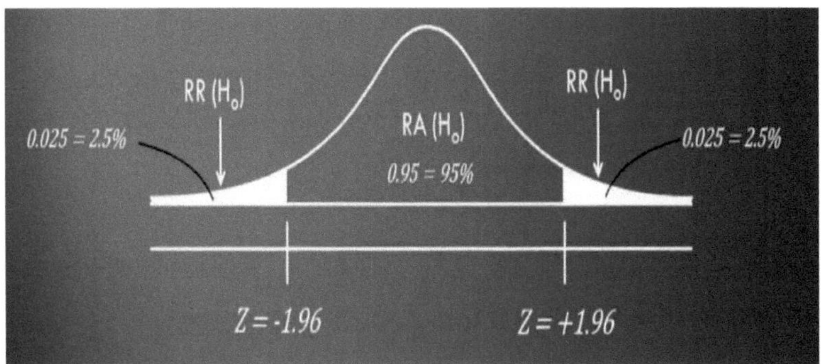

Figura 13

Título: Curva de distribuição normal para teste de hipóteses. Fonte. Extraído do endereço web:

https://www.youtube.com/watch?v=AJcy4eZMwWM)

Interpretação:

"À direita do Z crítico negativo é a "zona de aceitação", o que significa que se o valor Z da amostra cair nessa zona então a hipótese nula (H0) é aceite e a hipótese alternativa (Ha) é rejeitada. Se o valor Z da amostra cair na "zona de rejeição" então a hipótese nula (H0) é rejeitada e a hipótese alternativa (Ha) é aceite. "" [50]. Em palavras, isto significa para H0: "o número médio de estudantes que utilizam métodos e ferramentas de gestão do conhecimento para criar software num laboratório informático é diferente do número médio da população", portanto, a implementação de métodos e ferramentas de gestão do conhecimento num laboratório informático optimizaria o processo de criação de software e, portanto, de software.

4.2 Apresentação dos resultados

O presente estudo conduziu uma pesquisa de inquérito na Faculdade para saber quais os métodos e ferramentas de gestão do conhecimento que são explicitamente aplicados num laboratório informático que contribui para aumentar a produção de conhecimento e particularmente de software. Foram analisadas variáveis que nos deram uma indicação da utilização, aplicação e exploração de métodos e ferramentas de gestão do conhecimento; foi dada atenção a alguns métodos e ferramentas de gestão do conhecimento.

Nos resultados de todas as variáveis analisadas, existe uma diferença bastante significativa entre aqueles que percebem e reconhecem os métodos e ferramentas e para quem a utilização de tais métodos e ferramentas passa despercebida. Uma grande percentagem de estudantes utiliza estes métodos e ferramentas inconscientemente, ignorando o facto de que podem tirar melhor partido deles para a produção de software utilizando qualquer um dos métodos sugeridos neste documento, como o método SECI de Nonaka e Takeuchi, o que ajudaria a produzir melhores conhecimentos, particularmente de software.

Conclusões

Esta investigação conclui, com base nos resultados obtidos, que os métodos e ferramentas de gestão do conhecimento aplicados num laboratório informático da Faculdade de Engenharia de Sistemas e Informática para produzir software são invisíveis ou implícitos na estratégia de ensino e esta afirmação baseia-se nas percentagens obtidas nos resultados do inquérito, cujo questionário elaborado com perguntas fechadas, permitiu a avaliação dos seguintes indicadores

- "Estudantes familiarizados com métodos de gestão do conhecimento".
- Que ferramentas aplica num laboratório de informática para registar e registar a existência, funcionalidade e utilidade do software?
- Que ferramenta de gestão do conhecimento aplica para ter o aconselhamento de peritos em programação e com a experiência e capacidade necessárias para orientar na criação de software?

Este estudo transeccional-exploratório foi o primeiro esforço para obter uma ideia inicial da importância de tornar visíveis os métodos e ferramentas de gestão do conhecimento a fim de melhor orientar os estudantes na produção de software na Faculdade. Este estudo não constitui uma análise exaustiva, apenas implica uma primeira abordagem que, no futuro, deverá ser aprofundada no ambiente estudado e, naturalmente, melhorada e alargada.

Recomendações

Estudos semelhantes são recomendados para reforçar a ideia de implementar métodos e ferramentas de GQ que envolvam a produção de software com a intenção de melhorar ainda mais a sua qualidade. Esta investigação, baseada nos resultados obtidos, recomenda tornar visível a aplicação explícita de métodos e ferramentas de gestão do conhecimento para produzir software e avaliar quais os métodos e ferramentas mais adaptados para os tornar visíveis e utilizados explicitamente em laboratórios informáticos com o objectivo de produzir software de uma forma mais intensiva e especializada, procurando uma vantagem competitiva sobre outras universidades. Os professores responsáveis por esta investigação devem estabelecer uma estratégia de ensino que, juntamente com as ferramentas TIC, se concentre num objectivo ambicioso como o de levar a Faculdade a ser uma referência nesta actividade.

Investigação que seria importante considerar:

• Primeiro, considerar a possibilidade de implementar a utilização de ferramentas tecnológicas na sala de aula em geral, mas com base numa intencionalidade renovada do processo ensino-aprendizagem.

• Segundo, investigar como reforçar a preparação dos professores na aplicação de ferramentas tecnológicas nas suas salas de aula devido precisamente à novidade e à forma vertiginosa como a tecnologia evolui.

• Em terceiro lugar, promover a gestão e produção de software em laboratórios com o objectivo de o produzir com base em normas internacionais ou normas ISO.

Referências Bibliográficas

1] Quintanilla Juárez, N. (2014). Ferramentas TIC e gestão do conhecimento. *Universidade Don Bosco, calle al plan del pino, Soyapango. El Salvador*, Consultado em 20 de Fevereiro de 2017 na World Wide Web: http://rd.udb.edu.sv:8080/jspui/bitstream/11715/621/1/Herramientas%20TICs%20y%20Gestion.pdf

2] Zalazar, D. F., & Neri, C. (2013). Estudantes universitários, TICS e aprendizagem. Anuário de Investigação, 20, 153-158.

[3]   Faustino, A., Perez S. (2013). Interdisciplinaridade da ciência e investigação social aplicada No. 11 - Dezembro 2013 -pp. 0-31 || Secção temática Recebido: 25/1/2013 - Aceite: 28/11/2013

[4]   Rivero, C., Chávez, A., Vásquez, A., & Blumen, S. (2016). As TIC no ensino universitário. Realizações e desafios para a formação em psicologia e educação. *Revista de Psicología, 34*(1), 185-199. doi:http://dx.doi.org/10.18800/psico.201601.007

5] Lic. Guillermo Enrique Farell Vázquez. Centro Nacional de Desenvolvimento Técnico e Profissional da Saúde (CENAPET). Estrada de via dupla S. Francisco e Aldabó. Arroyo Naranjo. Cidade de Havana. Recebido: 18 de Janeiro de 2002. Aprovado: 17 de Fevereiro de 2002.

[6]   Chaparro citando Angel Arbonies. "Conhecimento para a inovação". Madrid, MIK, 2006. p26.

[7]   Zambrano Vargas, S., & Quitián Rodríguez, L. (2015). Análise da gestão do conhecimento numa instituição de ensino superior. Criterio Libre, 13(22), 279-297. https://doi.org/10.18041/1900-0642/criteriolibre.2015v13n22.140

[8]   http://epistemologia2008.blogspot.com/2008/04/epistemologa-de-la-educacin.html

12] Estrada Sentí, V., & Benítez Cárdenas, F. (2013). Gestão do conhecimento na nova universidade cubana. *Pedagogia Universitária, 11*(2). Obtido em http://cvi.mes.edu.cu/peduniv/index.php/peduniv/article/view/361

13] R. Balmori, C. Schemelkes. "*Gestão do Conhecimento no Ensino Superior*". Sinectica, Revista Electrónica de Educação. Jan 2012, Número 38, p1.

14] López G., M., & Cabrales G., F., & Schmal S., R. (2005). Gestão do Conhecimento: Uma Revisão Teórica e a sua Associação com a Universidade. *Panorama Socioeconómico,* (30), 0.

[15]   M. Mejía, M. Colin. "A *gestão do conhecimento e a sua importância nas organizações*". Revista Trilogía N° 9. Jul 2013, p1.

[16]   Casas Armengol, M., & Stojanovic, L. (2005). Innovación y virtualización progresivas de las universidades iberoamericanas hacia la sociedad del conocimiento. *RIED. Revista Iberoamericana de Educación a Distancia, 8*(1-2), 127-146. doi:https://doi.org/10.5944/ried.1.8.1060

17] Páez Paredes, I., & Díaz Domínguez, D. (2013). Fundamentos do modelo de gestão do conhecimento pedagógico para a Universidade de Pinar del Rio. Fundamentos do modelo de gestão do conhecimento para o ensino da Universidade de Pinar del Rio . *Congresso Universitário,* Consultado por http://www.congresouniversidad.cu/revista/index.php/rcu/article/view/397

[18] J. González, "*Modelo para o Desenvolvimento da Gestão do Conhecimento nos Centros de Investigação das Universidades Públicas Colombianas". Caso Aplicativo Universidad Pedagógica y Tecnológica de Colombia (UPTC)*". Gestão e Estratégia N° 35, Janeiro / Junho de 2009

[19] Torres, K., & Lamenta, P. (2015). GESTÃO DO CONHECIMENTO E SISTEMAS DE INFORMAÇÃO NAS ORGANIZAÇÕES. *Negotium, 11* (32), 3-20.

[20] R. Escobar, Dr. C. Montenegro, W. Joven, Mag. "*Modelos de gestão do conhecimento que integram tecnologias de e-learning no ensino superior*". ISSN: 2248 - 762X | Vol. 4 | Edição Especial | Páginas 103-113 | Setembro 2013

[21] Saz, Michelangelo del. "Gestão do conhecimento: prós e contras". In: The Information Professional, 2001, Abril, v. 10, n. 4, pp. 14-28.

[22] Caraballo, Y., & Mesa, D., & Herrera, J. (2009). Ferramentas de gestão do conhecimento: convergências para a aprendizagem organizacional. *Revista Cubana de Ciências Agrárias, 43* (1), 1-13.

[23] http://www.geocities.ws/msimoz2/ihai/SKA011.pdf.

[24] Mijangos Noh, Juan Carlos, & Manzo Cabrera, Karla Sugey. (2012). Gestão do conhecimento de três organismos académicos consolidados na área da educação. Sinéctica, (38), 1-13. Recuperado a 18 de Julho de 2019, a partir de http://www.scielo.org.mx/scielo.php?script=sci_arttext&pid=S1665-109X2012000100006&lng=es&tlng=es.

25] CANALS, Agustí (2003). "La gestión del conocimiento". In: Acto de presentación del libro Gestión del conocimiento (2003: Barcelona). UOC. Data da consulta: 12/09/17 <http://www.uoc.edu/dt/20251/index.html>

26] Management in the Third Millennium, Rev. of Research of the Faculty of Administrative Sciences, UNMSM (Vol. 9, No. 17, Lima, Julho de 2006).

[30] Pólo, A. Gestão do conhecimento. Consultado em 13 de Agosto de 2018 em www: https://www.gestiopolis.com/pasos-la-gestion-del-conocimiento/

31] Torres, M., Paz, K., & Salazar, F. (2006). Tamanho da amostra para uma investigação de mercado. *Universidad Rafael Landívar: Boletín electrónico [online]. Consultado 6.04. 2015] Disponível em: http://www. tec. url. edu. edu. gt/boletin/URL_02_BAS02. pdf.*

[32] http://www.monografias.com/trabajos58/principales-tipos-investigacion/principales-tipos-investigacion.shtml

[33] Oscar Castillero Mimenza. https://psicologiaymente.net/miscelanea/tipos-de-investigacion

[34] Maria Dolors Bernabeu e Maria Cònsul. https://educrea.cl/aprendizaje-basado-en-problemas-el-metodo-abp/

[35] Julian Perez Porto e Maria Merino. Publicado: 2014. Actualização: 2016. Definição de: Definição de repositório (https://definicion.de/repositorio/)

[36] http://tugimnasiacerebral.com/mapas-conceptuales-y-mentales/que-es-un-mapa-conceptual

37] Ureña, Y., & Quiñones, E., & Carruyo, N. (2016). CAPITAL INTELECTUAL: MODELO ESTRATÉGICO PARA A QUALIDADE DE SERVIÇO EM ORGANIZAÇÕES INTELIGENTES. *Orbis. Revista Científica Ciencias Humanas, 12* (35), 3-17.

[38] https://es.slideshare.net/VictorMolina2/km-andreu-wiigfb

39] K. Wiig; Foundations of Knowledge Management: Thinking about Thinking - How People and Organizations Create, Represent and Use Knowledge, Volume 1 in the Knowledge Management Series, Arlington, TX: Schema Press, França, 1993.

Brooking, A. (2004). Capital intelectual: O principal activo das empresas do terceiro milénio. Barcelona: Paidós.

41] Nonaka, I., & Takeuchi, H. (1999). A organização criadora de conhecimento: Como as empresas japonesas criam a dinâmica da inovação. México: Oxford University Press.

42] F. Guadamillas; Gestão do Conhecimento como Recurso Estratégico num Processo de Melhoria Contínua, Gestão Superior, 217, pp199-209, 2001

43] Rodríguez Gómez, D. (2006). Modelos para a criação e gestão do conhecimento: uma abordagem teórica. *EDUCAR, 37,* 25-39.

44] G. Sammour, The role of knowledge management and e-learning in professional development. Conhecimento e Aprendizagem, 4 (5), pp 465-477, 2008

45] M. Careaga, A. Avendaño. Modelo gestión del conocimiento para plataformas de docencia universitaria mixta, (GC+TIC/DUM), nuevas ideas en informática educativa, p.p 355-376, 2009.

46] Extraído de https://smarterworkspaces.kyocera.es/blog/las-bases-datos-documentales/ em 07/02/19

Cazau, P. (2006). Introdução à investigação em ciências sociais. Buenos Aires, 27.

[48] Básico, B., & Guerrero, A. M. G. F. (2004). Metodologia de Investigação.

49 Morales, F. (2012). Aprenda sobre 3 tipos de investigação: descritiva, exploratória, e explicativa. Recuperado em, 11.

[50] De: https://www.youtube.com/watch?v=AJcy4eZMwWM

[51] De: https://christmo99.wordpress.com/2008/07/15/conocimiento-tacito-y-explicito/ em 05-08-19

52] Extraído do endereço web: https://educrea.cl/aprendizaje-basado-en-problemas-el-metodo-abp/ em 06-08-19

53] De http://gestionandomiconocimiento.blogspot.com/ em 06-08-19

Glossário

Sociedades baseadas no conhecimento

"Visualiza um desenvolvimento social e económico baseado em processos de partilha do conhecimento das pessoas para criar valor e inovações (processos de aprendizagem) que se traduzem em produtos e serviços e, em última análise, em bem-estar para o cidadão". [6]

Mapas conceptuais

"Um mapa de conceitos é uma ferramenta de aprendizagem baseada na representação gráfica de um determinado tópico através da esquematização dos conceitos que o compõem. Estes conceitos são escritos de forma hierárquica dentro de figuras geométricas tais como ovais ou caixas, que estão ligadas umas às outras através de linhas e palavras de ligação. A utilização de mapas conceptuais permite-nos organizar e compreender ideias de uma forma significativa. A origem deste instrumento reside nos anos 60 com as teorias sobre a psicologia da aprendizagem significativa desenvolvidas por David Ausubel e postas em prática em 1970 por Joseph Novak". [36]

"Conhecimento tácito" [51]

"É aquele que permanece a um nível <u>inconsciente,</u> é desarticulado e nós implementamo-lo e executamo-lo de forma mecânica sem nos apercebermos do seu conteúdo, é algo que sabemos mas que nos é muito difícil de explicar". [51]

"Conhecimento explícito" [Wikipedia]

"O conhecimento explícito refere-se ao que foi ou pode ser articulado, codificado e armazenado em algum tipo de meio. Pode ser transmitida imediatamente a outros.

A informação contida nas enciclopédias é um bom exemplo de conhecimento explícito". [Wikipedia]

Capital intelectual

"Dentro de uma organização ou empresa, o capital intelectual é o conhecimento intelectual dessa organização, a informação intangível (que não é visível, e portanto não recolhida em qualquer lugar) que ela possui e que pode produzir valor. [Wikipedia]

Repositório de informação

"Repositório" é um termo que tem a sua raiz etimológica em repositório, uma palavra latina. Um repositório é um espaço que é utilizado para armazenar coisas diferentes. A ideia de um repositório pode ser associada ao conceito de um arquivo ou de um repositório. Num repositório, algo é armazenado, que pode ser material (físico) ou simbólico. Neste sentido, as bases de dados digitais e vários sistemas informáticos são agora frequentemente referidos como repositórios. É agora prática comum armazenar toda a informação digitalmente com o software relevante e este software precisa de oferecer, entre outras coisas, "personalização e interoperabilidade". [35]

Redes telemáticas

"Uma rede telemática torna possível oferecer ou disponibilizar informação à distância, e também facilita e torna possível a comunicação. É possível fazer uso de serviços ou programas que estão disponíveis em certos computadores da rede, os quais são chamados servidores". Autora: Jenny Danelly Quevedo Matías

Intranet

"Uma rede informática interna de uma empresa ou organização, baseada em normas da Internet, na qual os computadores estão ligados a um ou mais servidores". [Wikipedia]

Aprendizagem baseada em problemas

"Aprendizagem baseada em problemas" (PBL) é um método de aprendizagem centrado no estudante, no qual os estudantes adquirem conhecimentos, aptidões e atitudes através de situações da vida real. Visa desenvolver estudantes capazes de analisar e enfrentar problemas da mesma forma que durante a sua actividade profissional, ou seja, valorizando e integrando os conhecimentos que os levarão à aquisição de competências profissionais". [52]

Bases de dados documentais

"As bases de dados documentais são concebidas para armazenar dados semi-estruturados, tais como documentos. Ao contrário das bases de dados relacionais tradicionais, o esquema para cada documento não relacional (NoSQL) pode variar, o que dá aos programadores, administradores de bases de dados e profissionais de TI mais flexibilidade na organização e armazenamento de dados de aplicações, bem como uma redução no armazenamento necessário para valores opcionais. As bases de dados documentais são uma forma moderna de armazenar dados num formato simples em vez das simples linhas e colunas das bases de dados relacionais. Isto permite que os dados sejam expressos na sua forma natural. [46]

Directório de peritos

"É definida como uma lista de "todos os peritos que possuem conhecimentos a um nível inicial, intermédio ou superior, permite identificar quais as pessoas na empresa que podem ajudar a resolver problemas, participar em iniciativas, entre outras". É fundamental que fique claro que este directório se torna um mapa objectivo apoiado pelos dados do mapa do conhecimento". [53]

QUESTIONÁRIO APLICADO À AMOSTRA:

1. Está familiarizado com o conceito de gestão do conhecimento?

2. Descrever o conceito de conhecimento implícito

3. Descrever o conceito de conhecimento explícito

4. Mencione as ferramentas ou instrumentos de gestão do conhecimento que utilizou nas suas sessões de laboratório

5. utilizou um histórico de resultados nas suas sessões de laboratório?

6. Já utilizou uma base de dados documental nas suas sessões de laboratório?

7. Já utilizou a intranet nas suas sessões de laboratório?

8. Pertence a uma comunidade estudantil?

9. Utilizou um directório de peritos nas suas sessões de laboratório?

10. Nas suas sessões de laboratório, utilizou ferramentas informáticas que tornam possível o trabalho em grupo?

11. participou em feiras de conhecimento?

12. Que recursos informáticos utilizou nas suas sessões de laboratório?

13. Nas suas sessões de laboratório, realizou investigação sobre algum assunto académico do seu interesse?

14. Nas suas sessões de laboratório, já teve comunicação ou contacto com cientistas nacionais ou estrangeiros?

15. Nas suas sessões de laboratório, teve acesso a uma plataforma de comunicação que lhe permitiu comunicar ou interagir com os seus colegas sobre a sua investigação?

16. Fez simulações de extrema ou alta precisão de experiências nas suas sessões de laboratório?

17. Os resultados, produtos ou conclusões do seu trabalho laboratorial foram armazenados num BD que tem servido as outras gerações de estudantes e membros do corpo docente?

18. Adicione quaisquer comentários que considere necessários em relação ao tema do inquérito.

Printed by Books on Demand GmbH, Norderstedt / Germany